Faszination 3 -

So macht Merken Spass

Zahlen merken

Impressum

Ausgabe:	[Juni 2024]
Druck:	[Juni 2024]

Autor, Kontakt: David : Barfuss
david.barfuss@protonmail.com

Verlag: BoD • Books on Demand GmbH, In de Tarpen 42, 22848 Norderstedt
Druck: Libri Plureos GmbH, Friedensallee 273, 22763 Hamburg

ISBN: 978-3-7597-3347-4

Die automatisierte Analyse des Werkes, um daraus Informationen insbesondere über Muster, Trends und Korrelationen gemäss §44b UrhG („Text und Data Mining") zu gewinnen, ist untersagt.

Inhaltsverzeichnis

Verzeichnis der Änderungen:

Diese Liste wird für Lehrer und Eltern geführt, die eine erste Ausgabe des Buches gekauft haben und nun neue dazu bestellen:

So siehst Du sofort, wo es Änderungen, Updates und Verbesserungen gegeben hat.

Es gibt noch keine Änderungen.

Weitere Literatur für Kinder

- **Faszination 1:** So macht Rechnen Spass
- **Faszination 2:** So macht Merken Spass: Grundlagen
- **Faszination 3:** So macht Merken Spass: Zahlen merken
- **Faszination 4:** So macht Merken Spass: Vornamen merken
- **Faszination 5:** So macht Rechtschreibung Spass*
- **Faszination 6:** Staunen*

Weitere Literatur für die neue Zeit

- **Werkzeuge der neuen Zeit**–Kommunikation und Beziehung*
- **Gesetz der Anziehung:** Ich erschaffe mir meine Welt, so wie sie mir gefällt.
- **So macht Zusammenwohnen Spass***
- **Heilung Männer und Weiber, Trilogie***

Literatur für kritische Bürger

- **5G von allen Seiten:** Was bedeutet Mobilfunk für Kinder, Tiere, Bäume, wie kann man ihn vermeiden und wie kann man sich schützen
- **5G -Schmerz und Heilung:** Berichte von Menschen, die aus dem elektrohochsensiblen Zustand wieder in ein lebenswertes Leben gefunden haben..
- **Wahlen und Abstimmungen:** Ein Krimi. Oder: Wie kann man die Wahlen und Abstimmungen eines ganzen Landes ganz einfach stehlen?

* Diese Bücher erscheinen in Kürze (April 2024)
   Vorbestellungen möglich.

Zeit der Wende

Von Beate Lambert
mit Zitaten von Friedrich Schiller

Dieses ist die Zeit der Wende,
nun zählt Klarheit, Kraft und Mut.
Viele Herzen, viele Hände
voller Sanftheit und voll Wut.

Du bestimmst
und du entscheidest
welchem Geist du angehörst.
Ob du leise weiter leidest
oder endlich dich empörst.

Stimm mit ein in unser Singen,
voller Jubel und Vertraun.
Dann wird es Dir auch gelingen,
voller Mut nach vorn zu schaun.

Und dein Leben so verändern,
dass unsere Erde heilen kann.
Seit an seit in allen Ländern
fangen wir den Umschwung an.

Taube Ohren für die Spötter
und die Sucht nach Macht und Geld.
Wir sind uns're eignen Götter,
unsre Herzkraft heilt die Welt.

Alle Tiere, Menschen und Pflanzen
mögen wachsen und gedeihn.
Wir sind Teil des grossen Ganzen
und bereit, dabei zu sein.

Das Bewusstsein ist gestiegen
und bald kommt die neue Zeit.
Dann geht es nicht mehr ums Siegen,
sondern um Verbundenheit.

Folg den Kindern und den Frauen,
weil sie für das Leben stehn.
Und sich jetzt nun endlich trauen,
voller Kraft voran zu gehen.

Groll und Rache sei vergessen,
unserem Todfeind sei verziehn.
Auch wer nur profitversessen,
achte und verstehe ihn.

Denn du weisst, er ist getrieben
von seiner Schuld und seiner Angst.
Du aber bist frei zu lieben,
wenn du nicht mehr länger bangst.

Freude heisst die starke Feder
in der ewigen Natur.
Freude, Freude treibt die Räder
in der grossen Weltenuhr.

Sie gibt Kraft zu handeln
voll Verbundenheit und Mut.
Unsre Welt zu wandeln,
dann wird alles gut.

Im Sommer 1785

Zahlenfolgen merken 1 - Tastaturbild:

Ich behaupte, dass sich jedes Kind meine Telefonnummer merken kann. Das habe ich mit verschiedenen Kindern getestet.

Es wird eher nicht funktionieren, wenn das Kind die Zahlen an sich merken will.

Bei kurzen Zahlenfolgen am Handy mit der Matrix kann man sich die Bewegungen merken, zum Beispiel ist die Bewegung für die Zahlenfolge 1-4-0-5-6mit roten Pfeilen eingezeichnet:

Aufgabe:

Zeichne in den unten abgebildeten Abbildungen die nachstehend aufgeführten Zahlenfolgen ein, sprich die Zahlenfolge mit, während Du sie einzeichnest und fahre mit dem Stift 5 mal darüber.

Nachdem Du das Muster gezeichnet hast, verbindest Du es mit dem Text, der darunter steht.

Wenn z.B. «Auf dem Kühlschrank» darunter steht, dann stellst Du Dir vor, wie genau dieses Zick-Zack-Muster auf der Kühlschranktür steht, nachdem Du es mit der Spraydose darauf gesprüht hast.

Für Muster «Unter Deinem Bett» stellst Du Dir vor, wie eine rote Spielzeugschlange genau in dieser Form unter Deinem Bett liegt.

Und für den Code für Deine Sprachkasse stellst Du Dir vor, wie das Muster in Deine Sparkasse eingeritzt ist. Jeder kann es sehen, doch nur Du verstehst es.

Auf dem «Hundehalsband» ist das Muster mit Nadelstichen eingenäht, welche die Zahlenfolge dazu abbildet.

Das Muster «Lottozahlen» ist in Deinem Schreibheft auf der zweithintersten Seite eingeritzt, so dass man es nur sieht, wenn man es gegen das Licht hält.

Und das letzte Muster ist der Geburtstag der Schwester Deiner Mama – den nur Du lesen kannst. Du hast es unter den Küchentisch gemalt, wo nur Du es finden kannst.

Also, ab geht's zum Zeichnen der Muster und die Situationen merken:

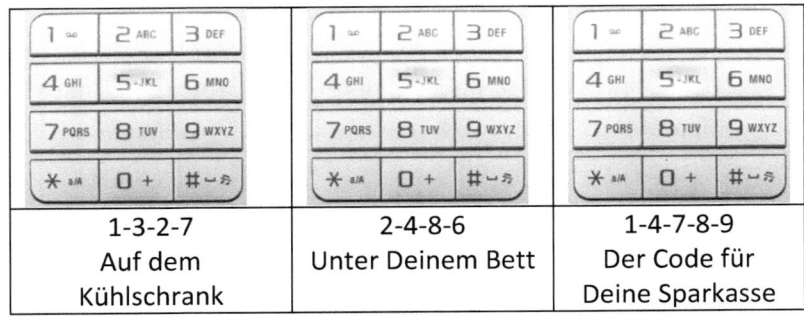

1-3-2-7	2-4-8-6	1-4-7-8-9
Auf dem Kühlschrank	Unter Deinem Bett	Der Code für Deine Sparkasse

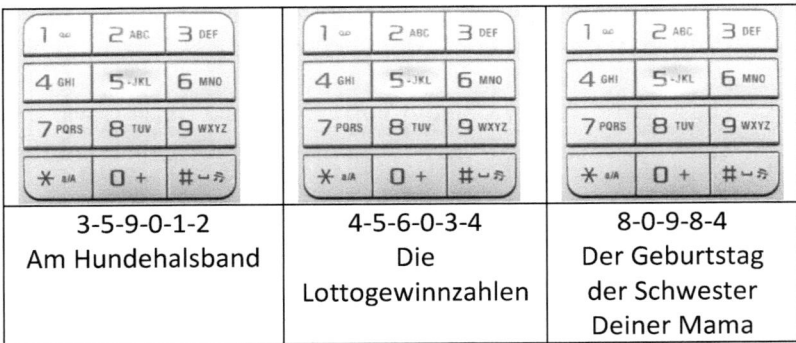

3-5-9-0-1-2	4-5-6-0-3-4	8-0-9-8-4
Am Hundehalsband	Die Lottogewinnzahlen	Der Geburtstag der Schwester Deiner Mama

Wenn Du das letzte Muster gemalt hast, kommt der Test:

Du gehst die nachfolgenden Situationen nochmals in Deinem Kopf durch und malst die Muster, die Du erinnerst auf ein separates Papier zum Überprüfen, die Situationen sind hier nochmals aufgeführt:

- Auf dem Kühlschrank
- Unter Deinem Bett
- Code für die Sparkasse
- eingesticktes Muster auf dem Hundehalsband

- Lottozahlen, eingeritzt in Deinem Schreibheft
- Geburtstag der Schwester Deiner Mama, unter dem Küchentisch

Du kannst diese Übung in den nächsten Tagen noch ein paarmal machen, und prüfen, wieviel Du dann noch weist, ohne neues Üben.

Diejenigen, die Du nicht mehr weisst, kannst Du erneut einüben.

Natürlich kannst Du Geschwister und Eltern einladen, sich diese Zahlenfolgen auch zu merken, ohne Deine Merkhilfe mit den Muster.

Wer kann es sich besser merken?

Dorfbewohner beten für Regen - Junge mit Schirm

Einmal beschlossen alle Dorfbewohner, für Regen zu beten. Am Tag des Gebets versammelten sich alle Menschen, aber nur ein Junge kam mit einem Regenschirm.

Das ist Glaube.

Jeden Tag gehen wir zu Bett, ohne die Gewissheit, am nächsten Morgen noch am Leben zu sein, aber trotzdem stellen wir den Wecker, um aufzuwachen.

Das ist Hoffnung.

Wenn wir Babys in die Luft werfen, lachen sie, weil sie wissen, dass wir sie fangen werden.

Das ist Vertrauen.

Wir sehen die Welt leiden, aber trotzdem lachen wir, heiraten und bekommen Kinder.

Das ist Liebe.

Auf dem Hemd eines 80-jährigen Mannes stand geschrieben: "Ich bin nicht 80 Jahre alt; Ich bin süße 16 mit 64 Jahren Erfahrung".

Das ist Haltung.

Quelle: Schoepferinsel

Zahlenfolgen merken 2 – Geheimcode «Zahlenbilder»:

Bis die Schrift erfunden wurde, insbesondere aber bei indigenen Stämmen auf allen Kontinenten, wurden alle Geschichten mündlich übermittelt. Die Grossväter und Grossmütter haben die Geschichte der Entstehung der Welt, der Erde, der Tiere und der Menschen weitererzählt, tage- und nächtelang.

Später hat man angefangen, die Geschichten aufzuschreiben, vorzulesen und wieder abzuschreiben, wenn man eine Kopie der Geschichte haben wollte.

Auch heute noch lesen die Erwachsenen den Kindern Geschichten vor, und die meisten Kinder werden sofort merken, wenn es einen Fehler gibt beim Vorlesen und diesen korrigieren. Sie können sich Geschichten gut merken. Geschichten basieren auf Assoziationen – und wir Menschen merken uns Dinge assoziativ, während Computer sich Dinge erstmal als eine Liste merken.

Wir Menschen besitzen also aus uralter Zeit die bemerkenswerte Fähigkeit uns auch sehr lange Geschichten fehlerfrei zu merken.

Dies gelingt uns umso besser, je mehr Gefühle und Sinne eine solche Geschichte in uns erweckt, je mehr unsere Emotionen, das Hören, das Sehen, das Fühlen, das Riechen und Schmecken, Schmerz und Freude angeregt werden.

Wir fangen an, mit den Bilder und erweitern das dann auf die Emotionen:

Nachfolgend siehst Du eine Kolonne mit Zahlen und eine Kolonne mit Dingen.

Um eine Geschichte mit Zahlen erzählen zu können, verwandeln wir die Zahlen in Gegenstände. Wir können solche Geschichten aufschreiben – und wer den Schlüssel, diese Tabelle nicht kennt, kann sie nicht lesen oder verstehen, sie bleibt Dein Geheimnis. Nur, wer die Tabelle hat, kann die Zahlen in eine Geschichte hin und her verwandeln kannst, wie ein Zauberer den Frosch zum Prinzen und danach wieder zurück.

0	Eine Orange
1	Ein Stock (gerade wie eine 1)
2	Eine Brille (2 Gläser)
3	Eine Ampel (mit 3 farbigen Leuchten)
4	Ein Tisch (4 Beine)
5	Eine Hand (5 Finger)
6	Ein Würfel (6 Seiten)
7	Die 7 Zwerge
8	Schneemann (2 Kugeln Schnee aufeinander)
9	Fadenspule mit etwas abgerolltem Faden
10	Ein dickes heiliges Buch mit den 10 Geboten der Liebe (siehe Buch 1)
11	Fussball: 11 Meter, 11 Spieler auf einer Seite
12	Eine Uhr, steht für 12 Stunden
13	Unglücks-Rabe
14	Ferien – 14 Tage Ferien
15	Ein Harass (5x3 Flaschen)
16	Schach mit 16 weissen und 16 schwarzen Figuren
17	Zauberer (in Harry Potter wird man ab 17 Zauberer)
18	Auto (ab 18 darf man Autofahren)

Für unsere Geschichten brauchst Du vorerst nur die Zahlen von 0 bis 9, ich zeige Dir wie:

Möglicherweise hast Du noch kein Handy, und Dein Onkel gibt Dir seine Telefonnummer, damit Du ihn immer anrufen kannst, egal, wo Du bist, wenn Du in Schwierigkeiten bist, wenn Deine Eltern Dich nicht verstehen, dann willst Du ihn anrufen können.

Weil Du noch kein Handy hast, kannst du seine Nummer nicht in Deinem Handy abspeichern - also willst Du sie Dir merken.

Die Nummer lautet: 079 423 51 68.

Die einzelnen Ziffern hintereinander lauten in Worte übersetzt also:

Orange – Zwerge- Fadenspule – Tisch - Brille – Ampel – Hand – Stock – Würfel – Schneemann.

Damit wir uns die Reihenfolge dieser Geschichte merken können, machen wir daraus eine dramatische Geschichte mit Geruch, Überraschungen (z.B. von riesengross zu mikroklein und umgekehrt), Geschmack, Klängen, und vielem mehr. Hier darfst Du Deine ganze Phantasie einsetzen.

Mein Vorschlag für diese Geschichte ist:

*Eine 10 Meter grosse einsame **Orange** lag traurig am Boden, als sie von der **Zwerg**enbande entdeckt wurde. Die Zwergenbande wickelt diese ein mit einer **Fadenspule**, rund und rund und rundherum, die Fadenspule ist rostig und quietscht schrill. Danach seilten die Zwerge sich an diesem Faden ab und landen auf einem grossen geheimnisvollen abgewetzten **Tisch,** der ächzt und stöhnt. Auf dem Tisch liegt eine alte zerbrochene **Brille** mit scharfen Kanten. Wer* *diese aufsetzt, sieht eine grosse ärgerliche **Ampel**, auf der wie wild alle 3 Lichter blinken. Die blinken so lange, bis eine uralte riesige gütige **Hand** diese abdeckt. Die Hand ist nicht an einem Arm angewachsen, sondern an einem müden, dicken, modrigen Birken**stock**. Der Birkenstock wächst auf einem ausgetrockneten, rissigen **Würfel**. Der **Würfel** ist der Bauchnabel eines halbverschmolzenen lachenden **Schneemanns**, der auf dem Rücken liegt.*

Das ist die Geschichte.

Lies sie noch einmal ganz langsam durch, und mach Dir alle Bilder in Deiner Vorstellung.

Dann schau, ob Du sie nacherzählen kannst, oder wo es noch einmal etwas Konzentration braucht – Du wirst merken, dass die immer bei den Übergängen wichtig ist – wie Kleber.

Sobald Du sie fehlerfrei nacherzählen kannst, kannst Du aus der Geschichte mit der Tabelle die Zahlen wieder ableiten.

Wenn etwas nicht geklappt hat, schau noch einmal genau hin, wo der Fehler lag, so lernst Du Dich selbst und Deine Art mit Bildern und Geschichten umzugehen, besser kennen.

Und wenn es Dir gelungen ist, dann nimmst Du Dir morgen nochmal Zeit und prüfst, ob Du die Telefonnummer dann aus der Geschichte holen kannst.

Bei den meisten Kindern, mit denen ich das geübt habe, gingt das ganz schnell, nach wenigen Minuten haben sie sich erfolgreich die Geschichte gemerkt und konnten die Telefonnummer wieder aus der Geschichte holen.

Und bei den meisten ging das auch noch Tage oder Wochen später.

Probier's aus und spiele damit.

Um solche Geschichten zu machen brauchst Du die Zahlen zwischen 10 und 18 in der Tabelle nicht.

Aber vielleicht sind diese hilfreich, wenn Du Dir andere Dinge merken willst – den Code zum Zahlenschloss, die Anzahl Bananen, die Du kaufen sollst, oder noch ganz andere Dinge.

Je verrückter die Geschichte ist, desto besser kannst Du sie Dir merken.

Wenn Du Gefühle reinbringst – Liebe, Ärger, Unsicherheit, Mut, Gnade, Lachen, dann wird es immer einfacher.

Eine andere Variante, sich Zahlenfolgen zu merken funktioniert mit Konsonanten. Dafür benötigst Du etwas Sicherheit mit der Rechtschreibung.

Aufgabe: Geh zurück zur Geschichte mit den Zwergen zum Merken der Telefonnummer und finde bei jeder Ziffer heraus, ob mit Gefühlen, Sinnhaftem oder Anbinden gearbeitet wurde.

- Fehlt eine Körperwahrnehmung?
- Welche Gefühle kommen vor?
- Welche Gefühle kommen nicht vor?

Ein alter Mann mit seinem Hund im Himmel

Ein alter Mann und sein Hund sterben bei einem Unfall. Die beiden finden sich danach auf einem schmutzigen langen Weg wieder und laufen ihn entlang. Auf beiden Seiten des Weges sind Zäune. Hinter den Zäunen sieht man schöne Wiesen und Waldstücke, genauso wie es ein Mensch mit seinem Hund liebt.

Sie laufen weiter und kommen an ein schönes Tor, in welchem ein Wesen in weißer Robe steht. *"Willkommen im Himmel"* sagt diese. Der alte Mann ist glücklich und will geradewegs mit seinem Hund eintreten. Doch der Türwächter stoppt ihn.

"Hunde sind hier nicht erlaubt, es tut mir leid, aber er darf nicht mit hinein!"
"Was ist denn das für ein Himmel, wo Hunde nicht erlaubt sind?» Fragt
der alte Mann. *"Wenn er nicht hinein darf, dann bleibe ich mit ihm draußen. Er war sein ganzes Leben lang mein treuer Begleiter, da werde ich ihn doch jetzt nicht einfach zurücklassen"*.

"Sie müssen wissen, was sie tun - aber ich warne Sie, der Teufel ist auf diesem Weg und wird versuchen Sie zu überreden, bei ihm einzukehren. Er wird Ihnen alles Mögliche versprechen aber auch bei ihm sind keine Hunde willkommen. Wenn Sie Ihren Hund jetzt nicht hier zurücklassen, dann bleiben Sie bis in alle Ewigkeit auf diesem schmutzigen, steinigen Weg".

Der alte Mann geht mit seinem Hund weiter. Sie kommen an einen herunter getrampelten Zaun ohne Tor, lediglich mit einem Loch. Ein alter Mann steht darinnen. *"Entschuldigen Sie, mein Hund und ich sind sehr müde, dürfen wir einen Moment herein kommen und uns etwas in den Schatten setzen"?*

"Aber natürlich, kommen Sie ruhig herein, dort unter dem Baum ist auch Wasser. Machen Sie es sich ruhig bequem!" "Darf auch wirklich mein

Hund mit hinein? Ein Mann dort unten an der Straße sagte mir, dass Hunde hier nirgends erlaubt sind."

"Würden Sie denn hereinkommen, wenn Ihr Hund draußen bleiben müsste?"

"Nein, mein Herr, darum bin ich auch nicht in den Himmel gekommen. Wenn dort Hunde nicht willkommen sind, da bleiben wir lieber bis in alle Ewigkeit auf dem Weg. Mit etwas Wasser und Schatten wären wir schon zufrieden. Ich komme auf keinen Fall herein, falls mein Liebling draußen bleiben muss."

Der Mann lächelt und sagt: *"Willkommen im Himmel."*

"Das da unten war der Teufel, der alle Leute zu sich holt, die ein komfortables Leben haben möchten und dafür bereit sind, den treusten Begleiter ihres Lebens aufzugeben. Diese finden zwar bald heraus, dass es ein Fehler war, aber dann ist es zu spät. Die Hunde kommen hierher, die schlechten Menschen aber bleiben dort. Gott würde nie die Hunde aus dem Himmel verbannen! Er schuf sie, um Menschen im Leben zu begleiten, warum sollte er daher beide im Tod trennen?"

(Verfasser leider unbekannt)

Zahlenfolgen merken 3 – mit Konsonanten:

Eine interessante Memo-Technik, mit der ich mir schon die Zahl Pi auf ein paar hundert Nachkommastellen gemerkt habe, beschreibe ich Dir nachfolgend:

Für jede Zahl wählt man einen Konsonanten, zum Beispiel so wie in der nachfolgenden Liste:

Liste der Zahlen und zugehörigen Konsonanten	
0	**Z** – wie Zero, was Null auf Englisch bedeutet, oder **S**, weil es fast gleich tönt.
1	**T** oder **D** (T: ein senkrechter Strich, D tönt fast gleich)
2	**n** (2 Beine)
3	**m** (3 Beine)
4	**R** (sieht ähnlich aus wie eine 4, die **Erde** hat 4 Himmelsrichtungen)
5	**L** (der obere Teil der 5 ist wie ein umgedrehtes L)
6	**Sch** wie Schlingel, die 6 sieht aus wie eine Schlinge **Ch** – was dem Sch vom Klang her verwandt ist.
7	**K, G** oder **Q**: Das K besteht aus einer Sieben, die auf dem Rücken liegt und einer die auf dem Bauch liegt - das G und das Q tönen sehr ähnlich.
8	**F** oder **V**: F sieht aus, wie eine 8, die von einer Maus angefressen und danach verbeult wurde. **V** tönt oft gleich.
9	**b** oder **p**: Die 9 sieht aus, wie ein verdrehtes b oder ein gespiegeltes p.
10	Tasse – Zusammengesetzt aus T und S

Es kommt nicht darauf an, ob der Konsonant gross oder klein geschrieben wird, in der Tabelle habe ich sie alle grossgeschrieben.

Der Vorteil dieses Geheimschlüssels ist, dass viele Merkwörter nicht nur eine Ziffer codieren, sondern – z.B. beim Wort «Freundin»– 5 oder mehr. (F: 8, R: 4, N: 2, D: 1, N: 2 – also zusammen: 84212)

Mit diesem Schlüssel machst Du andere Geschichten:

Um eine, zwei oder drei Ziffern in ein Wort zu übersetzen, muss dieses Wort die betreffenden Konsonanten an den richtigen Stellen haben. Andere Konsonanten darf das Wort nicht haben. Du kannst am Anfang, zwischen den Konsonanten und am Ende aber Vokale (A-E-I-O-U) einfüllen.

Doppelte Konsonanten zählen immer als 1 Konsonant, es muss jeweils ein Vokal dazwischen sein, wenn zwei gleiche Konsonanten aufeinander folgen:

Tripp-Trapp übersetzt sich also in 149149.

Beispiele:

421	Runde
17	Deck
18	Tiefe
149	Attrappe
12	Ton
012	Stein
274	Anker
30	Maus
725	Genial
84212	Freundin

Das Prinzip Glück:

Unzufrieden quäle ich mich in die Innenstadt, in einen der furchtbaren Klamottenläden. Die Unzufriedenheit war schon vorher da, kroch nachts unter dem Bett hervor, als ich wach wurde und die Schrecken meiner ungelebten Sehnsüchte mich ansprangen, die Schuld, die ich aufgehäuft habe durch Unaufmerksamkeit und fehlende Entschlusskraft, ein bisschen vom üblichen Glück für meine Kinder auf den Teller zu kriegen.-

Als ich aus dem Laden komme und mein Fahrrad aufschließe, sehe ich ihn.
Er sitzt dort auf dem Boden, auf der anderen Seite der breiten Einkaufsstraße und während ich seinen Rücken anschaue, ergreift mich etwas, ohne dass ich es merke.

Ich hole mein Portemonnaie aus der Tasche, suche eine Münze heraus, stecke es wieder ein.

Dann schiebe ich mein Fahrrad an ihm vorbei, bleibe vor ihm stehen. Er schaut auf, mir direkt in die Augen.

Fast bin ich erschrocken von dem Glanz.

Was ist in seinem Gesicht, was ich nicht finde?

Wo das Glück, was nicht zu greifen ist, nicht zu halten, nicht zu erlangen?

Wo ist das, was wirkt, wenn nichts mehr wirkt?

Das, was gilt, wenn nichts mehr gilt?

Da stehe ich vor ihm, habe ihm etwas Geld gegeben, und er schaut weiter, strahlt mich an, dann senkt er den Kopf, öffnet seine Hände, die Handflächen nach oben, schließt die Augen und betet für mich.

Es ist eine Geste, die er mit Ernst erfüllt, für jeden, der ihm etwas gibt. Eine Segnung, die die meisten unvermittelt trifft, gibt er aus der Fülle, die nie versiegt, weil nichts davon ihm gehört.

Oder alles?

Ich bleibe stehen, betreten, fühle mich frierend, als würde mir fehlen, was kostbarer ist als alles, was ich bemängele.

Er öffnet die Augen, sucht meinen Blick, während ich schon das Rad weiter schiebe, beschämt, fast flüchte.

Seine Augen finden meine, er lächelt, er spricht mich frei, dunkel kostbares Geheimnis in seinem Antlitz, gibt mir mit einer Hand einen Segen, während er die andere zum Mund führt.

Dieses Bild begleitet mich seither, es schmerzt an der Herzstelle

Noch immer suche ich außen, ständig verliere ich, meine Kinder frustriert und ich mit der Schuld, ihnen nicht das Richtige gegeben zu haben, nicht die richtigen Urlaube, die richtigen Freunde, das richtige Haus, die richtigen Hobbies, die richtige Liebe, die richtige dauerhafte traumafreie Zone, die glückliche Kindheit heißt und die die Zauberformel für ein langes, glückliches, gesundes Leben ist, in dem man alles richtig macht und wieder glückliche Kinder bekommt.

Seine Hosen sind geflickt, ein Bein seltsam abgewinkelt, die Krücke neben sich. Er ist nicht mehr jung, sicher älter als ich, er ist in einem fremden Land, dessen Sprache er nicht spricht, dessen Segnungen von Reichtum, zumindest Wohlstand und Ansehen und Schönheit nicht für ihn sind.

Er ist Zaungast, den ganzen Tag, an ihm vorbeiziehend eine Parade von hastenden Menschen, viele von ihnen leere Gesichter, mit ihren Gedanken, wie die meisten aussehen, nicht mit etwas beschäftigt, das ihnen Freude schenkt oder sie zumindest wahrnehmen lässt, was um sie herum geschieht.

Manchmal blitzt so etwas wie Zufriedenheit auf, wenn jemand mit einer Tüte in der Hand einen Laden verlässt.

Normalerweise denke ich von mir, dass ich weiter bin als diese Menschen auf Einkaufsjagd. Mit seinem Blick auf mir weiß ich, dass ich irre. Ich suche das Glück nur woanders, komme mir deshalb besser vor, weil meine Werte die nobleren, edleren, klügeren, nachhaltigeren sind... und der Hunger in mir, die Gier, der Neid, die Rastlosigkeit, die immer nur sagt "Was fehlt was

Oder der Schein, der so tut, als wäre alles gut, gerne mir und anderen

aufzählend, was fantastisch und toll ist, freundlich lächelnd versucht, den abseitigen Strom an Gedanken und Empfindungen nicht ins Bild fließen zu lassen, der gerne vergleicht und besser abschneidet als die anderen? Nur so ein ganz kleines bisschen..

Ich spüre ihn in mir, seinen Blick, sein Lächeln seine Haltung auf dem Boden, wenn ich an ihn denke, bis jetzt.

Ich denke daran, was ich alles glaube zu brauchen. Was ich alles habe und wie arm und benachteiligt ich mir doch vorkomme. Dass mir ständig etwas fehlt.

Was ist das, was er hat und ich nicht? Die nächste Sache, das nächste Ding, das es zu erreichen gilt, zu besitzen, vielleicht sogar damit zu prahlen?

Schlaue Sprüche im Kopf... "letztendlich ist alles in mir".

Diesmal ist das der falsche Weg, das weiß ich.

Ich habe das Prinzip Glück nicht verstanden.

Weiter geht's mit Merkwörtern:

Aufgabe: Finde eigene Worte für die folgenden Zahlen:

Wichtiger Hinweis: Die Worte sind am Besten Nomen, Substantive, und zwar im Singular, der Einzahl.

11	
12	
13	
14	
15	
16	
17	
18	
19	
20	

Aufgabe: Finde die Zahlen für die folgenden Worte:

	Sänfte
	Birne
	Quadrat
	Lampe
	Ziffer
	Monitor
	Maus
	Velo
	Fahrrad
	Birke

Aufgabe: Finde die Zahlen für die folgenden Worte:

	Berg
	Rad
	Spiegel
	Laub
	Wunder
	Freude
	Eindruck
	Felge
	Schnecke
	Tiger

Aufgabe: Erfinde eine Geschichte für die Zahlenfolge:

3 14159 26535 89793 23846

1. Schritt: Finde die Konsonanten und bilde daraus Merkworte

Ziffer	Konsonant	Merkwort: Ein Wort kann für jede Ziffer oder auch für eine ganze Reihe von 2, 3 oder 4 Ziffern gefunden werden.
3		

1		
4		
1		
5		
9		

2		
6		
5		
3		
5		

8		
9		
7		
9		
3		

2		
3		
8		
4		
6		

Erfinde aus diesen Worten eine Geschichte – denk daran: Je krasser die Geschichte ist, desto besser. Das heisst: Du machst kleine Dinge ganz gross, grosse ganz klein, Du bringst Düfte ein, machst auch diese stark, Du lässt die Geschichte gefährlich sein, «*die Maus ist riesig und mega hungrig*», Du lässt Blut spritzen und Champagnerkorken knallen, bringst Gefühle ein wie Eifersucht, Angst, Grosskotz (Grössenwahn), Verliebtheit, Ekel, Panik, Freude, Verlassenwerden, Todesangst und alles, was Dir sonst noch einfällt.

Was ist das nun für eine Zahl, die Du gelernt hast?

Es ist die **Zahl Pi**.

Mit dieser Geschichte kannst Du Dir die Zahl Pi auf 20 Nachkomma-stellen merken. Das kann in Deiner Schule wahrscheinlich noch niemand, nicht einmal Deine Lehrer.

Aber es ist noch viel besser: Wenn jemand in Deiner Familie oder Schule tatsächlich Pi auf 20 Nachkommastellen auswendig sagen kann, dann kannst Du es nämlich auch rückwärts:

Probier mal, Deine Pi-Geschichte von hinten zu erzählen, meist gelingt das ziemlich schnell und ist viel leichter als Du denkst.

Hinweis: Pi ist eine Zahl, mit welcher man den Kreisumfang be-rechnen kann:

Wenn Du berechnen willst, wieviel Fläche ein Kreis hat, wenn Du seinen Radius kennst, dann ist die Formel dazu: $Pi \times r^2$.

Das kannst Du überprüfen: Pi ist etwas grösser als 3, kleiner als 4.

Wenn Der Kreis in einem Quadrat gefangen ist, und man ihn, wie einen Ballon aufbläst, dann wird sich in das Quadrat hineindrücken und immer ähnlicher werden. Das Quadrat hat eine Fläche von $4 \times r^2$. Wenn der Kreis nicht aufgeblasen ist, dann fehlen ihm die Bereiche bei den Ecken des Quadrats, seine Fläche ist also etwas kleiner.

Das kann also, überschlagsmässig stimmen.

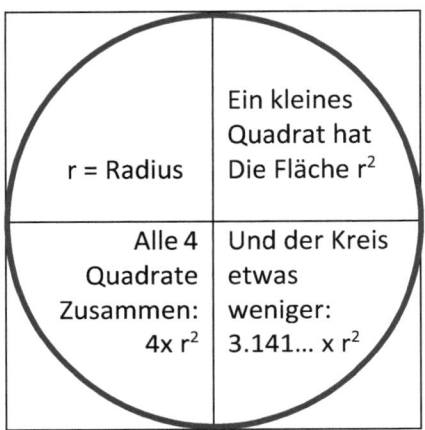

Kannst Du das fürs Leben verwenden?

Alle Berechnungen um den Kreis sind wertvoll – stell Dir vor, Du willst Kreise malen und der Hersteller der Farbe gibt an, wieviele Quadratmeter Du damit deckend übermalen kannst: Damit kannst Du das berechnen.

Stell Dir vor, Du musst den Tacho eines Spielzeugautos programmieren. Was die Elektronik zählen kann, ist wie oft sich das Rad dreht. Daraus willst Du die Distanz berechnen und das ins Verhältnis der Zeit bringen. Dazu benötigst Du auch Pi, aber nicht für die Fläche, sondern für den Umfang, den das Rad mit einem mal drehen abrollt:

Diese Formel lautet: Umfang = **2 x Pi x r, also etwa 6.2 x r.**

Wenn das Rad so verbeult wäre, dass es vier Ecken hätte, so wie eine Pizzaschachtel, dann wäre der Umfang 8 x r. Der Umfang ohne Ecken ist kleiner, also ist 6.2 plausibel.

So lässt sich das überprüfen.

Eine Geschichte: Alter König und 10 Hunde

Ein verstorbener alter König einer bestimmten Gemeinde hatte zehn wilde Hunde.

Er benutzte sie, um jeden seiner Diener, der einen Fehler machte, zu quälen oder ihn auf der Stelle hinzurichten.

Einer der Diener vertrat eine „falsche" Meinung, und das gefiel dem König überhaupt nicht. Also befahl er, den Diener den Hunden vorzuwerfen.

Der Diener sagte: *"Ich habe dir zehn Jahre lang gedient, und du tust mir das an? Bitte gib mir zehn Tage Zeit, bevor du mich den Hunden vorwirfst!"*

Der König war einverstanden.

In diesen zehn Tagen ging der Diener zu dem Wächter, der auf die Hunde aufpasste, und sagte ihm, dass er den Hunden die nächsten zehn Tage dienen wolle. Der Wächter war verblüfft, willigte aber ein, und der Diener begann, die Hunde zu füttern, sie zu putzen, zu baden und ihnen alle möglichen Annehmlichkeiten zu bieten.

Als die zehn Tage vorbei waren, befahl der König, den Diener zur Strafe den Hunden vor die Füße zu werfen. Als er hineingeworfen wurde, waren wir alle erstaunt zu sehen, dass die gefräßigen Hunde nur die Füße des Dieners leckten!

Der König war verblüfft über das, was er sah, und fragte *"Was ist mit meinen Hunden geschehen?"*

Der Diener antwortete: *"Ich habe den Hunden nur zehn Tage lang gedient, und sie haben meinen Dienst nicht vergessen. Aber ich habe dir zehn Jahre lang gedient, ein Fehler! und du hast alles vergessen!»*

Der König erkannte seinen Fehler und befahl, den Diener freizulassen.

Aufgabe: Finde Worte für die folgenden Zahlen:

Wichtiger Hinweis: Die Worte sind am Besten Nomen, Substantive, und zwar im Singular, der Einzahl.

21	
22	
23	
24	
25	
26	
27	
28	
29	
30	

Aufgabe: Finde die Zahlen für die folgenden Worte:

	Ruderboot
	Schlingpflanze
	Achterdeck
	Polizei
	Feuerwehr
	Rakete
	Maus
	Elefant
	Achterrad
	Neujahr

Aufgabe: Finde Worte für die folgenden Zahlen:

31	
32	
33	
34	
35	
36	
37	
38	
39	
40	

Aufgabe: Finde die Zahlen für die folgenden Worte:

	Fahrradkette
	Glockenspiel
	Fensterbank
	Motorhaube
	Sofa
	Küchenlampe
	Ofenrohr
	Dachdecker
	Musterbrief
	Haustür

Aufgabe: Finde Worte für die folgenden Zahlen:

41	
42	
43	
44	
45	
46	
47	
48	
49	
50	

Aufgabe: Finde die Zahlen für die folgenden Worte:

	Motorradständer
	Helm
	Freiheit
	Sahnehäubchen
	Hose
	Täubchen
	Ohrringe
	Schlinge
	Schwarz
	Grün

Wenn Du willst, kannst Du Worte für die restlichen Zahlen von 51 bis 100 finden.

Oder von 000 bis 999.

Das ist freiwillig – in den letzten Wochen haben wir genau das für Dich gemacht.

Du findest die 3 Tabellen von 0-9, von 00 – 99 und von 000-999 auf den Seiten am Schluss dieses Buches.

Für lange Zahlen, wie bei Pi ist die 3-stellige Liste perfekt. Da Du diese Zahlen nicht so oft brauchst, macht es vielleicht Sinn, diese nicht auswendig zu lernen und nachzuschlagen – ausser Du willst auf der Bühne die Menschen beeindrucken.

Wenn Du Dir Pi mit dieser langen Liste auf 1000 Stellen merkst, dann sind es nur noch 33 Begriffe, die Du Dir in eine Geschichte verweben musst – die Hälfte mehr, als Du oben schon für die 20 Stellen nach dem Komma gemerkt hast.

Wenn Du Passwörter, Telefonnummern, Geburtstage, Zeiten und andere Zahlen merken willst, dann ist meist die 2-stellige Liste optimal.

Taube besucht Patienten

Die Krankenschwester, die dieses Foto gemacht hat, schrieb: Es ist 23 Tage her, seit dieser Patient ins Krankenhaus angekommen ist, und in diesen 23 Tagen ist niemand aus seiner Familie gekommen um ihn zu besuchen. Aber eine Taube kommt alle 2 Tage und sitzt auf seinem Bett. Die Taube bleibt eine Weile und fliegt dann weg. "Wir entdeckten später, dass dieser Patient jeden Tag auf einer Bank im Park in der Nähe des Krankenhauses saß und die Tauben fütterte. Das zeigt das Tiere mehr Herz haben als Menschen.

Wortlisten

Wortlisten brauchen wir, um eine Zahl zwischen 1 und 3 Stellen in ein Wort zu übersetzen – und zwar eindeutig und rückübersetzbar.

Eindeutig heisst, dass das Wort keine Zweifel über die Zahl offen lässt und nicht mit einer anderen Zahl in Verbindung gebracht werden kann.

Als ich etwa mit 12 Jahren auf diese Merksysteme aufmerksam wurde, da hatte ich eines für 1-stellige Zahlen, damals noch ohne Null, und eines für 2-stellige Zahlen, wobei ich damit noch keine führenden Nullen wie bei 001 oder 025 übersetzen konnte.

Jetzt, wo ich für dieses Buch den Faden wieder aufnehme, merke ich, dass das sehr hilfreich ist.

Stell Dir vor, Du willst Dir eine lange Zahl merken, vielleicht das langes Passwort für die geheime Bibliothek des Vatikans, den Pin des Handys von Deinem Grossvater – der ihn immer vergisst, die Kreditkartennummer von Deinen Eltern oder die Telefonnummer dieses heissen Mädchens, das Du am Strand getroffen hast.

Und, da die Zahl länger ist, z.B. eine Telefonnummer, ist es einfacher die Zahl in zweistellige oder dre stellige Ziffernblöcke zu unterteilen. In der Schweiz fangen die Handynummern mit 076, 077, 078 oder 079 an, also immer mit einer Null, in anderen Ländern ist es ganz ähnlich.

Da ist es also hilfreich, wenn Du ein Wort für eine Dreierkombination hast, die mit Null anfängt.

Ich hatte zudem für jede Zahl nur **ein** Codewort. Manchmal ist es aber hilfreich, mehrere Codeworte zu haben, wenn wir unsere Geschichte spannender und aufregender gestalten können.

Es könnte eine gute Idee sein, wenn Du alle Listen durchgehst, und Dir pro Zeile 2, 3 Worte markierst, die bei Dir die stärksten Gefühle wecken. Damit hast Du zum Schluss Deine ganz private Liste, Dein geheimer Schlüssel, was meinst Du?

Ich habe mir die Arbeit gemacht und aus dem deutschen Lexikon alle **1.048.757** Wörter analysiert und zusammengezogen, die Zahlworte, die Verben, die Plurale / Mehrzahlformen und anderes entfernt, was nicht dienlich ist.

Es gibt Worte aus dem Alltag, der Medizin, der IT (Computer-wissenschaft), der Wissenschaft und viele Abkürzungen – so, dass jeder darin die Worte finden kann, die er aus seinem Leben kennt.

Ich die Plurale, die Worte in Mehrzahl entfernt und alles aussortiert, was sich für Geschichten nicht eignet, und hauptsächlich Substantive drin gelassen. Das schafft zusätzliche Sicherheit und Eindeutigkeit.

Es wird viele Worte drin haben, die Du nicht kennst.

Wenn Du Dir Zeit nimmst, diese nachzuschlagen, hast Du zwei Fliegen auf einen Schlag erwischt: Du hast ein neues Wort gelernt, und Du kannst es einsetzen für Deine Geschichten.

Damit wird zuerst Dein passiver und dann Dein aktiver Wortschatz grösser.

Es gibt viele Möglichkeiten, diese Listen zu üben: Ich liebe es am Morgen auf meinem Trampolin einem Trainer auf Video seine Bewegungen nachzuspringen.

Dazu ist auf dem Bildschirm immer die Restzeit für eine Übung eingeblendet: 60 – 59 – 58 57.

Es ist also ein Countdown auf dem Bildschirm, der jede Sekunde ändert.

Anfangs war mir dieser Sekundentakt zu schnell, da habe ich nur jedes 5. Codewort getroffen, doch bald schon jedes 2. Und dann jedes.

Nach ein paar Tagen war das schon möglich.

Achte Dich, wo Du überall Countdowns hast, oder einstellen kannst.

Eine andere Möglichkeit ist, dass Du 100 Schritte machst und bei jedem Schritt ein Merkwort für die betreffende Zahl hochzählst.

Oder Du fährst mit dem Zug oder dem Auto mit – an den Trassen und den Autobahnen hast Du oft auch Kilometerzahlen, die hoch- oder runterzählen. Die werden bei der Autobahn gebraucht, wenn man den Rettungshelikopter ruft, damit die wissen, wo man sich befindet. Aber Du kannst sie noch viel besser nutzen, und vor allem öfter.

Oder Du gibst das an Deine Kollegen weiter – auch das hilft Dir, es besser zu merken – und dann wechselt ihr Euch ab: Einmal machst Du die Geraden und Dein Mitspieler die ungeraden. Und dann wieder umgekehrt. Einmal zählt ihr hoch und dann wieder runter.

So geht das Lernen dieser Zahl-Code-Worte ganz leicht und macht Spass.

Oder Du machst Dir einen Spass daraus und kodierst Dir für 4 Wochen jede Telefonnummer, die Du finden kannst.

Deine Phantasie ist Deine Grenze.

Eigentlich würde ein Wort pro Zahl ausreichen – meist sind jedoch mehrere Worte im Angebot – das macht es Dir einfach spannende Geschichten zu machen. Insbesondere bei Telefonnummern kann es hilfreich sein, wenn Du für die gleichen Ziffernfolgen mehrere Kürzel hast.

Ich bin immer ARTIG.

Mal unartig,

mal eigenartig,

mal grossartig.

Aber immer absolut

EINZIGARTIG

Die 3 Listen: 10er, 100er und 1000er

Einstellige Liste: 0..9

Ziffer	Kodier-Worte
0	Aas, Ass, Eis, Esso, Jesu, Josua, Jus, Jazz
1	Deo, Dia, Duo, Eid, Etui
2	Äon, Ian, Ina, Ion, Ann(a), Enno
3	Emme (Fluss), Amme, Ami, Emu, Emma, Aimée
4	Aarau, Aare, Aero, Ara, Ära, Arie, Aura, Euro, Jura, Jerry
5	Aal, Eule, Ali, Aloe, Alu, Aula, Lea, Lee, Leo, Leu, Elle
6	Asche, CH, Echo, Eiche, Esche, Jauche, Joch
7	Aqua/Agua, Auge, Gaia, Ego, Ecke, Geo, Go, Ikea, IQ, Kai, KI, Kia, KO, Akku, Egge, Jack, Jacke, Jogi
8	Efeu, Eva, Fee, Ivo, Affe
9	Ebbe, Abi, Abo, Bai, Bea, Beau, Beo, Bio, Böe, Eibe, ABBA

Hast Du die Schokolade gesehen?

Ja, kurz.
Warum?

Zweistellige Liste: 00..99

Ziffer	Kodier-Worte
01	Asset, Aosta, Asiat, Eistee, Isetta, Jesuit
02	ASEAN, Asien, Assuan, Eisen, Eisseen, Eozän, ISIN
03	Saum, Zaum, Sam
04	Esra, Esser, Esserei, Jazzer
05	Assel, Azalee, Esel, Eselei, Eizelle, Asyl
06	Ausschau, Sache
07	Sack, Essig, Isaak, ASCII, Esc, Isaac,
08	Josef, Josefa
09	Sepp, Ausbau, Azubi, Espe (Baum), Eusebia, EZB
10	Dose, Judas, Daisy
11	Idiot, Dodo, Duett, Date, Deut, Diät, Diode, Daddy
12	Dino, DNA, Ätna, Dana, Däne, Diana, DIN, Don, Düne, Eden, Donna, Etienne, Dunja, DJane, Jeton, Danny, Étienne
13	Damm, Adam, Atom, Atem, Dame, Demo, Dom, Idiom, Audimax, Dummy
14	Tier, Dario, Dauer, Dior, Dora, Doria, Dur, Eiter, Euter, Ader.
15	Idol, Dalai, Italia, Italo, Attila, Dali, Delia, Diele, Atoll, Dill, Duell, Adel, Deal, Deluxe, Dolly, Idyll
16	Dach, Diaschau, Autoschau, Deich, Attaché
17	ETH, Idaho, Deko, Diego, Dock, Doge, Doku, Duke, Etage, Attacke, Attika, Dogge, Deka, Judoka
18	Töff, Diva, EDV
19	Taube, Depp, Autobau, Daube, Dieb, Dip, Dubai, Etappe,
20	Nase, Anis, Anus
21	Not, Note, Andi, Anita, Einöde, Ente, Indie, Indio, Inuit,
22	Nonne, Janine
23	Name, Anämie, Anime
24	Niere, Anorexie, Januar
25	Nil, Anneli

Ziffer	Kodier-Worte
26	Nische, Eunuch, Janosch
27	Nick, NOK, Annika
28	Neffe, Info
29	Nabe, Anbau, Einbau
30	Maus, Ameise, Amos, Ems, James
31	Maut, Mode, AMD, Amt
32	Miene, Mine, Amun, Amen
33	Mama, Imam
34	Amor, Eimer
35	Maul, Mal, Amalie, Emil, Emaille, Emily
37	Macke, Amiga, Amigo (Spanisch: Freund, Freundin), Jamaika
38	Muffe, Mief
39	Mappe
40	Razzia, Arosa, Ars, Eriesee, Eros, Erz, Euros, Iris, Arezzo
41	Rad, Erde, Rotte, Aorta,
42	Rinne, Aaron, Ariane, Arne, Arno, Erna, Ernie, Arena, Ayran
43	Rahm, Rom, Irma, Jerome, Army
44	Rohr, Aurora, Error
45	Rolle, Erle, Aral, Ariel, Aurel, Aurelia,
46	Arche, Arsch, Eierschau, Erich
47	Rock, Erik, Erika, Euregio, Jörg, Jurek
48	Riff
49	Rabe, Erbe, Europa
50	Lasso, Laus, Laos, Liese, Liz, Louis, Louise, Iljas, Lissy, Élysée
51	Lied, Lot, Lotto, Latte, LED, Leute, Lid, Lotte, Allod, Lady
52	Leine, Elan, Laune, Alien, Elina, Ileana, Ilona, Leni, Leon
53	Lamm, Alm, Limo, Elm, Lama, Leim, Lima,
54	Leier, Lira, Lore, Euler, Lear (Jet), Larry, Laura, Allüre,
55	Lilie, Lilo, Lola, Lilly, Leyla

Ziffer	Kodier-Worte
56	Elch, Leiche, Loch, Laich, Lauch
57	Lego, Like, Alge, Alk (i), Elke, Lage, Lago, Laika, Loge, Lok, Look, Lücke, Leak, Lucky
58	Alf, Lava, Alfa, Eleve, Elfe, Elfi, Levi, Livia
59	Alibi, Laub, Alp, Löwe, Lippe, Albe, Elba, Laube, Leib, Lob, LP
60	Achse, Chaos, Echse, Ischias, Chaussée
61	Achat, Cheat, Chaot, Chat, Chateau, Jacht
62	China, Jochen, Cheyenne
63	Schwamm, Schaum, Schema, Chemie, Achim
64	Schere, Schar, Chor, Chiara, Chur, Cherry
65	Schal, Chile, Chili, Eichel, Chloé
66	Schach
67	Scheck, Choke, Chuck, Joschka
68	Schaf, Chauvi, Chef
69	Schabe, Chapeau, Chip
70	Kuss, Hase, Käse, Kauz, Kies, Gasse, Gassi, Guss, Kasse, Geiß
71	Kot, Kit, Guido, Güte, Kadi, Kate, Kati, Katia, Kid, Kit
72	Ken, Kenia, Kanu, Kino, Kuno, Kanne, Kinn
73	Kamm, Keim, Kieme, Kim, Koma, Gummi, Komma
74	Karre, Geier, Gier, Guru, Igor, Kairo, Korea, Kur, Kür
75	Kelle, Gel, Clou, Cola, Kali, Keil, Kiel, Kilo, Klee, Klo, Koala, Kuli
76	Koch, Küche, Gaucho,Hasch
77	Kacke, Gecko, Gag, Gage, Gauck, Gecko, Gig, Kakao, Kaki, Kiki
78	Kufe, Kaff, Kaffee, Hefe, HiFi, Hof, Huf, Agave, Agfa, Guave
79	Kopie, Kuba, Käppi, Kuppe, Gabe, Gabi, Gobi, Kap, Kapo, Coop
80	Fuss, Fez, Avis
81	Feta, Fata (Morgana), Fete, Fiat, Food, Foto
82	Fahne, Avenue, Fan, Faun, Fauna, Fiona, Ivan, Äffin, Affen
83	Fama, Fume (fr.Rauch), FM (Radio), Fixum
84	Feier, Feuer, Frau, Affäre, Foyer, Furie, Afro, Eifer

Ziffer	Kodier-Worte
85	Fell, Felix, Flex, Folie, Foul, Fall, Full
86	Fach, Fascho, Fisch
87	Fuck!, Fähe, FH, Fake, FAQ, Fug
88	Fifa, Fifi, Fuffi, Effeff
89	Fabio, FBI, Aufbau, Fibu (Finanzbuchhaltung)
90	Buss, Bass, Biese, Boss, BIOS, BIZ, Ibis, Ibiza, Busse, Buße
91	Bad, Beat, Beta, Beet, Bodo, Boot, Bude, Bett, Body
92	Apnoe, Bein, Biene, Bon, Eiben, Ben, Benni, Bunny
93	Baum, Boom, IBM, BMX
94	Bär, Bauer, Beere, Bier, Bor, Bari, Brei, Brie, Büro, Eber
95	Beil, Bioöl, Blei, Bali, Apollo, Ball, Bello, Bulle, Abel, Bela, Bella
96	Buch, Bach, Busch, Bauch, Apache, Bosch, Beach
97	Bike, BH, Bake, Baku, Bock, Boogie, Bug, eBook, Boccia, Buggy
98	Puff (Unordnung), Buffo
99	Pippi, Baby, Bibi, Bob, BP, Bub, Beppo

Raben sind so intelligent wie durchschnittliche 7-jährige Kinder:

- Sie erkennen Gesichter und geben Informationen an ihre Kinder weiter.
- Sie verwenden Werkzeuge
- Sie kennen die Gesetze der Physik
- Sie bauen lebenslange Freundschaften auf.
- Sie organisieren Beerdigungen

Dreistellige Liste 000..999

In der dreistelligen Liste ist es manchmal nicht möglich, dass ein die Konsonanten durch einen Vokal getrennt werden.
Die Zuordnungen sind trotzdem eindeutig.

*-Worte sind zu lang, aber da die dreistellige Liste die höchste ist, erlauben wir Wörter, die länger sind und codieren nur die ersten 3 Konsonanten.

Hinweis: Es gibt ganz, ganz wenige Zahlen, für die wir trotz aufweniger Suche mit mehreren Helfern und Durchforsten des Internets kein passendes Wort gefunden haben: Dort musst Du kreativ werden, wenn Du überhaupt jemals dieses Zahl Dir merken willst.
Wenn Du etwas findest -aus dem Strassenslang, der Katzensprache oder einem Mundartwort, dann freue ich mich, wenn Du es mir schickst – dann können wir diese Liste immer besser machen!

Zahl	Worte
000	Si-si-si (Ja-Ja-Ja)
001	Auszeit, Eiszeit
002	Eisessen, Eiszone
003	Sesam
004	Eis-Zirkus, Assessor (Engl.), Assoziierung*
005	Sessel
006	Auszeichnung*, Sissy-ish (engl. memmenhaft) 0-06 oder 00-6
007	Auszug, Eisessig
008	Eiszapfen*, ease-off (engl., entspannen)
010	Justiz, Justus
011	Eistüte, Justitia
012	Asiatin
013	Eisdamm
014	Ausdauer, Auster, Isidor
015	Eisdiele
016	Austausch, Esstisch
017	Azteke, Eisdecke, Eisdicke, Essattacke
018	Eistee-Fee
019	Eistaube
020	Essenz
021	Eis-Ente, Eisentee, Eisnot, Eisenoxid
022	Eisen-Ion (entsteht durch Schweiss auf Eisen)
023	Eisenmaske*, Eisenmiene*
024	Essener (Mensch aus Essen / spezielle Jünger Jesu)
025	Zahn-Ahle (Erfindung)
026	Essnische, Eisenjoch
027	Äsung, Außenecke
028	Essnapf

029	Eisenbau, Eisenabbau
030	SMS, Eismasse, Ausmaße
031	Azimut, Isomatte
032	Eismine, Eismann
033	Eismumie
034	Eiseimer, Eismauer, Eismeer, Izmir
035	Eselsmilch*, Ismael, Jazzmeile
036	Samichlaus*, Smooch (engl. Knutschen)
037	Smog
038	Asimov, Semafore (Weiche) *
039	Eismöwe
040	Eisriese
041	Ausritt
042	Azoren, Eisarena, Essern, Isar-Auen, Eisrinne, Assyrien
043	Eisraum, Essraum
044	Saurier
045	Ausserlichkeit*
046	Zürich, Ausrichter*, Ausrechner*
047	Jazzreihe, Jazzrock
048	Ausruf, Eisrevue
049	Serbe
050	Auslass
051	Isolde, Jazzelite, Jazzlied
052	Aslan, Eselein, Eselin, Eizellen
053	Eislamelle*, Salam (Friede auf arabisch), Islam
054	Salär, Isoliermaterial*
055	Solely (engl., einzig und allein), slyly (engl., verschmitzt) 0-55 oder 05-5
056	Eisloch
057	Auslage, Eisalge, Eislage, Jazzlexika
058	Auslauf, Eislauf

059	Eislöwe
060	Ausschuss
061	Esssucht, Eisjacht
062	Eisschnee, Esssachen
063	Sachimi (japanische Delikatesse aus rohem Fisch)
064	Jazzchor
065	Eisschale, Ezechiel, Eisscholle
066	Eis-Schach oder 06-6 oder 0-66
067	Eisschuh, Eisschuhe
068	Eis-Schiff oder 0-68 oder 06-8
069	Eisscheibe
070	Eishase, Eishaus, Askese, Ausguss, Jazzhaus
071	Eisseehütte, Asket, Eskudo, Eisgott, Ascot, Escudo
072	Eizahn, Ascona, Jazzikone
073	Eiskeime, Eskimo
074	Aasgeier, Essgier, Aasjäger, Ja-Sager
075	Eishalle, Eishölle, Eiskeil, Eissegel, Essigaal, Eiskelle, Jazzcello
076	Eishauch, Essküche
077	Ausguck, Eishockey
078	Eiskufe, Eiskaffee, Eiscafé
079	Aushub, Ausgabe, Eiskappe
080	Eisfass oder 0-80 oder 08-0
081	Asia-Food
082	Eisfan, Asiapfanne, Jazzfan, Josefine
083	08-3 oder 0-83
084	Eisfrau
085	Eisapfel, Essapfel, Ausfall, Eisfall
086	Eisfach, Eisfisch
087	0-87 oder 08-7
088	0-88 oder 08-8

089	Eisaufbau
090	Ausweis, Eusebios, Jazzbass, Jaspis
091	Eisbad, Eisbude, Eisspat, Eisbett
092	Azubine, Eisbein, Eiswein, Esswein, ISBN, Aspen, Jazzpiano
093	09-3 oder 0-93
094	Eisbar, Eisbär, Eisbier, Eisbrei, Jazzbar, Jazzoper, Jasper
095	Eisbeil, Isabel, Eisball, Eiswall, Isabell, Jazzwelle
096	Asbach, Eisbach, Eiswoche, Jazzbuch, Jazzwoche
097	Ausweg, Eisbock
098	Auspuff
099	Ausbaubau
100	Diözese, Dosis, Dessous
101	Jetset, Audioseite
102	Autozone, Dasein, Dosen, Edison, Dessin, Addison, Disney
103	Autozoom, Judizium
104	Autoserie, Dossier, Désirée
105	ADSL, Diesel, DSL, Dussel, Dyslexie
106	1-06 oder 10-6
107	Autozug, Disagio, Disk, Disco, Jetski, Jutesack
108	1-08 oder 10-8
109	Dispo
110	Dates, Adidas, Audits, Deutz, Dietz, Dodos, Etats
111	Audiodatei, Diätidee, Attitüde, Autodidaxie
112	Audition, Duden, Edition, Idiotien, Idiotin, Daten, Addition, Autotoxin, Dioxetan, Daytona
113	Datum, Diadem, Dodoma, Autodamm
114	Auditor, Autotour, Autotür, Didier, Dieter, Editor, Dotter, Eidotter
115	Autoteil, Detail, Dödel, Doodle, Dattel, Dudley
116	Autodach, Datscha, Diadoche, Jutetasche

117	Autodeck, Dodge, Judith
118	Dativ, DATEV
119	Autodieb, DTB, DTP, DTW, Autotyp
120	Adonis, Audienz, Denise, Dianas, DNS, iTunes, Dennis
121	Dante, Danuta, Donut,
122	Adenin, Autounion, Dänin, Danone, Daunen, Donauauen
123	Adenom, Autoname, Autonomie, Denim, Itanium, Dynamo
124	Diener, Dinar, Diner, Döner, Donner, Autonarr
125	Daniel, Daniela
126	Ideenschau
127	Ding, Dingo, Dung, Edding, Django
128	1-28 oder 12-8
129	1-29 oder 12-9
130	Domsee, Automesse, Atommasse
131	Automat, Demut
132	Admin, Damian, Dämon, Daumen, Domain, Domäne, Domino, Etamin, Eudaimonia, Eudämonie, Damen
133	Atomium oder 1-33 oder 13-3
134	Edamer, Dimmer
135	Automeile, Domallee, Atommüll
136	1-36 oder 13-6
137	1-37 oder 13-7
138	Dampf
139	Dombau, Dammbau
140	Dress, Autoreise, Autoriese, Darius, Dauereis, (the) Doors, Doris, Druse, Drüse, Edersee, Adresse, Dauerreiz
141	Autorad, Autoradio, Autoroute, Dart, Dorade, Druide, Eduard, Dauerrede, Dauerritt, Dryade
142	Adrian, Adriana, Autorin, Dirne, Dorian, Dorn, Adrienne
143	Atrium, Darm, DRAM, Drama

144	Addierer, Exterieur
145	Drill, Dauerrolle, Autorallye
146	Dorsch, Drache, Dreieich
147	Diareihe, Diarrhoe, Autarkie, Derrick, Dreiauge, Dreieck, Droge, Dreck, Dragée
148	Dorf, Dorfaue, Drive
149	Autoraub, Attrappe, Djerba, Derby
150	Atlas, Edelsee, Dallas, Adelas, Autolyse, Dialyse
151	Adelaide, Autolied, Dolde, Edelleute, Jodellied
152	Etalon, Italien, Ideallinie, Dylan
153	Dilemma
154	Atelier, Dealer, Dollar, Adler, Jodler
155	Diallele oder 1-55 oder 15-5
156	Autoleiche, Dolch
157	Delhi, Autolack, Dialog, Ideologe, Ideologie, Italic, Ajatollah, Jetlag
158	Adolf, Adolfo
159	Autolobby, Dolby
160	Autochaos, Dachs, Deichsee, Eidechse
161	Docht
162	Dschinn
163	1-63 oder 16-3
164	Dachauer
165	Duschöl, Judoschule
166	1-66 oder 16-6
167	Audioschuh, Duschecke
168	1-68 oder 16-8
169	Audiochip, Autoscheibe, Dachbau, Deichbau, Dachbox
170	ADHS, Athos, Autohaus, Ethos
171	Audioguide, Dakota, Degout, Dekade, Dukat, Etikett, DECT, AutoCAD, Autocode, Ducati, Autojagd, Exitcode

172	Athen, Athene, Ethnie, Autogenie, Autokino, Degen, Diakon, Diakonie, Dekan
173	Dogma
174	Äther, Autouhr, Dakar, Dekor, Edgar, Etagere, Jodkur
175	Dahlie, DHL, Dohle, Deckel, Audioquelle, Dackel
176	1-76 oder 17-6
177	Autohöhe, Ethik, Ithaka
178	Autohof, Audiokopf, Autokauf, Axtkopf
179	Autohupe, Dacapo, Axthieb
180	Davis, Davos, Devise, Divas
181	David, Duft, Düfte, DVD
182	Autofan, Devon, Diven
183	Diffamie
184	Autofeuer, Dover
185	Audiofile, Defilee, Autofalle, Autofell
186	1-86 oder 18-6
187	Device oder 1-87 oder 18-7
188	1-88 oder 18-8
189	DFB, DVB, DVP oder 1-89 oder 18-9
190	Autobus, Autopsie, Autopass, Debussy
191	Autoboot, Debit, Debüt, Depot, Debatte, Adept, Jetboot
192	Dauben, Debian, Deponie, Diebin, Diwan, Autopanne
193	Autoboom
194	Adware, Autobauer, Debora, Dieberei, Adebar
195	Audible, Diabolo, Dipl (Ing.), Dipol, Dübel, Duplo, Doppel
196	Autowäsche, Depesche
197	Autoweg, Autowege, Doppik
198	1-98 oder 19-8
199	1-99 oder 19-9
200	Insasse

Warum bin ich so arm?

Ein armer Mann fragte den Buddha: *"Warum bin ich so arm?"*

Der Buddha sagte: *"Du hast nicht gelernt, zu geben."*

Da sagte der arme Mann: *"Wenn ich nichts habe, wie kann ich dann geben?"*
Buddha sagte: *"Du hast viele Dinge: Dein Gesicht, mit dem du ein Lächeln schenken kannst, dein Mund, mit dem du andere loben oder trösten kannst, dein Herz, das sich für andere öffnen kann, deine Augen, die den anderen mit Güte ansehen können, dein Körper, der benutzt werden kann, um anderen zu helfen.*

Wir sind also eigentlich gar nicht arm, die Armut des Geistes ist die wahre Armut."

201	Einsaat
202	Enzian, Junisonne
203	Enzym
204	Einser
205	Anisöl, Einzel, Insel, Inzell
206	20-6 oder 2-06
207	Anzug, Einzug, Jeansjacke
208	20-8 oder 2-08
209	20-9 oder 2-09
210	Endsee, Indiz, Indus
211	Annuität, Entity
212	Antoine, Anton, Antonio, Entenei, Indiana, Indien, Anden, Antenne
213	Anatom, Anatomie
214	Andrea, Enduro, Enter, Inder, Indira, Intro, Andorra, Andrej, André, Entrée
215	Anatol, Anteil, Intel, Inntal, Antalya
216	Antiochia, Eintausch
217	Antigua, Antiqua, Junitag
218	Antifa, Eintopf, Endivie
219	Antiopa, Endabbau, Entebbe
220	Ananas, Innensee
221	Juniende
222	Anionen, Annexionen (nur Plurale, oder 22-2 oder 2-22)
223	Anonym
224	2-24 oder 22-4
225	2-25 oder 22-5
226	Innenschau
227	Innenecke, Innung, Annonce
228	22-8 oder 2-28
229	Innenbau

230	2-30 oder 23-0
231	Anmut, Junimiete
232	Anemone
233	2-33 oder 23-3
234	Annemarie
235	Anomalie
236	23-6 oder 2-36
238	23-8 oder 2-38
239	2-39 oder 23-9
240	Anreiz, Enurese, Annerose, Januarreise
241	Einrad, Junirate, Januarrate
242	Juniorin
243	Einraum
244	24-4 oder 2-44
245	Juniorrolle
246	Anarchie
247	Anorak, Energie, Enrique, Enrico
248	Anruf
249	24-9 oder 2-49
250	Annelies, Anlass, Einlass, Analyse
251	Anlaut, Annelide
252	Anilin, Annalen, Annalena
253	Anleime (oder 25-3 oder 2-53)
254	Annelore
255	Einlulle (oder 25-5 oder 2-55)
256	2-56 oder 25-6
257	Anleihe, Analoga, Analogie, Anlage, Einlage, Ennealogie
258	Anlauf, Einlauf
259	25-9 oder 2-59
260	Anschiss, Einschuss, Janoschs
261	Enschede oder 2-61 oder 26-1

262	Anschein, Eunuchen, Ännchen, Junischnee
263	2-63 oder 26-3
264	2-64 oder 26-4
265	2-65 oder 26-5
267	2-67 oder 26-7
268	2-68 oder 26-8
269	Anschub, Einschub
270	Angus, Einguss, Inkasso, Jungsau, Junkies
271	Einheit, Enquete, Inkjet
272	Einehen, Angina, Engine, Eineggen
273	Anaheim, Annahme, Einnahme, Enigma
274	Angora, Ankara, Anger, Anker, Junker
275	Enkel, incl
276	27-6 oder 2-76
277	Anhöhe, Ankick, Junghai, Junghexe
278	Ankauf, Einkauf
279	Anhieb, Angabe, Eingabe
280	2-80 oder 28-0
281	Junipfad
282	2-82 oder 28-2
283	Infamie
284	Jennifer
285	Anfall, Einfall, Influx
286	28-6 oder 2-86
287	28-7 oder 2-87
288	2-88 oder 28-8
289	Infobox
290	Anubis, Auenwiese, Inbus, Einbiss, Einpass, Einbuße
291	Einbit, Input
292	Auenebene, Einbein
293	Einbaum

294	Anbauer, Anwar, Einbeere, Junibeere
295	Anabelle
296	Juniwoche
297	Einweg, Anbauegge
298	2-98 oder 29-8
299	2-99 oder 29-9
300	3-00 oder 30-0
301	3-01 oder 30-1
302	Amazon, Amazone, Ameisen, Ameisenei, Emission, Immission
303	3-03 oder 30-3
304	Emser, Emissär
305	Amsel
306	30-6 oder 3-06
307	3-07 oder 30-7
308	3-08 oder 30-8
309	3-09 oder 30-9
310	Amadeus
311	Imitat
312	Emden, Emotion, Exemtion
313	3-13 oder 31-3
314	Amateur, Ämter, Emder, Emitter, Axiometer
315	3-15 oder 31-5
316	31-6 oder 3-16
317	Axiomatik
318	3-18 oder 31-8
319	3-19 oder 31-9
320	Amnesie, Emanze, Immensee,
321	Amanda, Ammonit, Jemand, Jemenit
322	Amnion
323	Ammonium

324	3-24 oder 32-4
325	Emanuel, Emanuela, Immanuel, Emmanuelle
326	3-26 oder 32-6
327	Ammoniak
328	3-28 oder 32-8
329	3-29 oder 32-9
330	3-30 oder 33-0
331	3-31 oder 33-1
332	3-32 oder 33-2
333	Mammamia
334	3-34 oder 33-4
335	3-35 oder 33-5
336	3-36 oder 33-6
337	3-37 oder 33-7
338	3-38 oder 33-8
339	3-39 oder 33-9
340	Ammersee (oder 34-0 oder 3-40)
341	Emeriti, Emirat, Amaretto
342	Amarena, Jammereien
343	Amrum (Nordseeinsel)
344	3-44 oder 34-4
345	3-45 oder 34-5
346	Emmerich (Eigenname, Bedeutung: Tapfer)
347	Amerika, Ammergau
348	3-48 oder 34-8
349	3-49 oder 34-9
350	3-50 oder 35-0
351	Amulett
352	Emiliana, Emiliano
353	3-53 oder 35-3
354	3-54 oder 35-4

355	3-55 oder 35-5
356	3-56 oder 35-6
357	3-57 oder 35-7
358	Amalfi (Kleinstadt in Italien)
359	3-59 oder 35-9
360	3-60 oder 36-0
361	3-61 oder 36-1
362	3-62 oder 36-2
363	3-63 oder 36-3
364	Emscher (Fluss zum Rhein) oder 3-64 oder 36-4
365	Amigas, Amigos, Images (oder 3-70 oder 37-0)
366	3-66 oder 36-6
367	3-67 oder 36-7
368	3-68 oder 36-8
369	3-69 oder 36-9
370	Amigas, Amigos, Images (oder 3-70 oder 37-0)
371	3-71 oder 37-1
372	3-72 oder 37-2
373	Jemgum (Ort in Deutschland) oder 3-73 oder 37-3
374	Imker, Imkerei
375	Aumühle
376	3-76 oder 37-6
377	3-77 oder 37-7
378	3-78 oder 37-8
379	3-79 oder 37-9
380	3-80 oder 38-0
381	3-81 oder 38-1
382	3-82 oder 38-2
383	3-83 oder 3-83
384	Ampfer (Pflanze)
385	3-85 oder 38-5

386	3-86 oder 38-6
387	3-87 oder 38-7
388	3-88 oder 38-8
389	3-89 oder 38-9
390	Iambus, Amboss, Imbiss, Jambus, Jumbos
391	Jumbojet (oder 3-91 oder 39-1)
392	Ambon, Jamben
393	Empyem (med. Eiteransammlung) (oder 3-93 oder 39-3)
394	Ambra, Ampere, Empire, Empirie, Empore, Amber, Jumper, Embryo
395	Embolie, Impala, Immobilie, Ampulle, Ampel, Exempel
396	Jambisch (oder 39-6 oder 3-96)
397	3-97 oder 39-7
398	3-98 oder 39-8
399	3-99 oder 39-9
400	4-00 oder 40-0
401	Aorist, Arzt, Arrest, Eiersitte, Jarosit, Jurazeit, Jurist
402	Arizona, Arznei, Eiereisen, Erosion, Eurasien, Eurozone, Arsen, Irrsinn
403	4-03 oder 40-3
404	Eurasier, Euroserie
405	Aerosol, Irisöl
406	Eiersuche
407	Eiersack, Eiersauce, Jurassic
408	4-08 oder 40-8
409	Erzbau, Eiersuppe
410	Artois, Artus, Erdsee, Iritis (Regenbogenentzündung)
411	4-11 oder 41-1
412	Ariadne, Jordan
413	Euroteam, Iridium, Erratum, Irrtum
414	Arterie, Arturo, Eritrea

Letzte Reise

Ein Taxifahrer aus New York schreibt:

Ich wurde zu einer Adresse bestellt, wo ich einen Fahrgast abholen sollte. Als ich ankam hupte ich laut. Nach ein paar Minuten Wartezeit hupte ich erneut. Da es die letzte Fahrt meiner Schicht war, wollte ich bereits wegfahren, es dauerte mir zu lange. Aber stattdessen parkte ich das Auto, ging zur Tür und klopfte.

"Nur eine Minute", antwortete eine gebrechliche, ältere Stimme. Ich konnte hören, wie etwas mühsam über den Boden gezogen wird. Nach einer langen Pause öffnete sich die Tür. Eine kleine Frau über 90 Jahre stand vor mir. Sie trug ein Kleid und einen Hut mit einem Schleier, wie jemand aus einem 40er-Jahre-Film.

An ihrer Seite stand ein kleiner Koffer. Die Wohnung sah leer aus, als hätte dort seit Jahren niemand gelebt. Alle Möbel waren mit Tüchern bedeckt. Es gab keine Uhren an den Wänden, alle Schränke waren leer. Es gab nicht einmal Geschirr in der Küche. In die Ecke war ein Umzugskarton gefüllt mit Fotos und Glaswaren.

"Würden Sie meinen Koffer zum Auto tragen?", bat sie mich. Ich legte den Koffer in den Kofferraum und kehrte dann zurück um die Frau zu unterstützen. Sie nahm meinen Arm und wir gingen langsam zum Taxi. Sie dankte mir für meine Güte. *"Kein Problem"*, sagte ich ihr, *"Ich versuche Sie nur genauso zu behandeln, wie ich es wollen würde, dass meine Mutter auch so behandelt wird."*

"Oh, du bist so ein guter Junge», sagte sie. Als wir im Taxi saßen, gab sie mir eine Adresse und fragte: *"Können sie mich durch die*

Innenstadt fahren?" "Es ist nicht der kürzeste Weg", antwortete ich schnell.

"Oh, das macht nichts", sagte sie. *"Ich habe es nicht eilig. Ich bin auf dem Weg zu einer Sterbeklinik."*

Ich schaute in den Rückspiegel. Ihre Augen waren glänzend. *"Ich habe keine Familie"* fuhr sie fort mit einer weichen Stimme. *"Der Arzt sagt, ich habe nicht mehr sehr lange."* Als ich das gehört habe, da musste ich einfach das Taxameter abschalten: *"Welche Route soll ich nehmen?"*

Für die nächsten zwei Stunden fuhren wir durch die Stadt. Sie zeigte mir das Gebäude, wo sie einmal als Aufzugswärterin gearbeitet hatte. Wir fuhren durch das Viertel, wo sie und ihr Ehemann als Ehepaar lebten, an einem Möbellager, der einst ein Ballsaal gewesen war, wo sie als junges Mädchen tanzen ging. Manchmal bat sie mich langsam an einem bestimmtem Gebäude oder einer Ecke zu fahren. Sie starrte in die Dunkelheit und sagte nichts.

Als die ersten Sonnenstrahlen am Horizont erschien, sagte sie: *"Ich bin müde. Es ist Zeit"*. Wir fuhren stillschweigend zu der Adresse, die sie mir gegeben hatte. Es war ein niedriges Gebäude, wie ein kleines Erholungsheim mit einer Einfahrt. Zwei Pflegekräfte kamen zum Taxi. Sie waren besorgt und beobachteten jede Bewegung. Sie müssen sie erwartet haben.

Ich öffnete den Kofferraum und nahm den kleinen Koffer und stellte ihn vor die Tür. Die Frau saß bereits im Rollstuhl. *"Wie viel schulde ich Ihnen?"* In dem Moment bat sie die Pflegekräfte ihr ihren Geldbeutel zu reichen. *"Nichts,"* sagte ich. *„Aber Sie müssen doch ihren*

Lebensunterhalt verdienen" antwortete sie. *"Es gibt auch andere Passagiere",* antwortete ich.

Ohne in dem Moment nachzudenken, beugte ich mich zu ihr und gab ihr eine herzliche Umarmung. Sie drückte mich fest an sich heran.

"Sie haben einer alten Frau einen kleinen Moment der Freude geschenkt," sagte sie. *"Danke."*

Ich drückte ihre Hand und ging dann in Richtung Sonnenaufgang zum Taxi. Hinter mir schloss sich eine Tür. Dieses Geräusch kam mir vor, wie das Abschließen eines Lebens.

Ich holte keiner weitere Passagiere mehr und fuhr ziellos in Gedanken versunken durch die Gegend. Für den Rest des Tages konnte ich kaum sprechen. Was wäre passiert, wenn ich mich geweigert hätte, diese Fahrt zu machen oder nach dem ich gehupt habe, einfach weggefahren wäre? Rückblickend glaube ich nicht, dass ich je etwas Wichtigeres in meinem Leben getan habe.

Quelle: Facebook

415	Erdal, Erdeule, Erdöl, Eurotool, Aaretal
416	Erddach
417	Eierteig, Erotik, Eurydike
418	Erd-Efeu
419	Eierdieb, Erdbau, Erdboa
420	Irenäus, Aranjuez
421	Aeronaut, Euronote, Arend
422	42-2 oder 4-22
423	42-3 oder 4-23
424	4-24 oder 42-4
425	Journal, Journaille
426	42-6 oder 4-26
427	Arnika, Irenik
428	4-28 oder 42-8
429	4-29 oder 4-29
430	Aromas, Eiermasse, Jeremias
431	Armada, Armut, Aromat, Eremit
432	Armani, Armin, Arminia, Aromen, Eiermann
433	4-33 oder 43-3
434	Aramäer, Jurameer
435	Ärmel, Irmela, Euromüll
436	4-36 oder 43-6
437	Jeremiah, Armeejacke
438	4-38 oder 43-8
439	4-39 oder 43-9
440	4-40 oder 44-0
441	Ararat, Euroradio, Euroroute
442	Jurorin (oder 44-2 oder 4-42)
443	Euroraum
444	44-4 oder 4-44
445	Aralsee, Aurelius, Erlös, Erlass

446	4-46 oder 44-6
447	4-47 oder 44-7
448	4-48 oder 44-8
449	4-49 oder 44-9
450	Aralsee, Aurelius, Erlös, Erlass
451	4-51 oder 45-1
452	Airline, Eierrollen
453	4-53 oder 45-3
454	4-54 oder 45-4
455	4-55 oder 45-5
456	Eierloch (fang mich doch, Du Eierloch)
457	Aerologie, Eierlage, Euroleague, Euroliga
458	Eierlauf
459	4-59 oder 45-9
460	Auerochse
461	4-61 oder 46-1
462	Eierchen, Eierschnee, Euroschein, Archen
463	Eierschaum
464	Auracher, Auricher (Mensch aus Aurich) oder 4-64 oder 46-4
465	Eierschale
466	46-6 oder 4-66
467	Euroscheck
468	Archiv, Euroschiff
469	4-69 oder 46-9
470	Aargaus, Argus, Eierkäse, Irokese, Eierguss, Erguss
471	Arkade, Eurocode, Jurakette, Eurocity
472	Auerhenne, Aragon, Argon, Arkana, Jargon, Jürgen
473	Jurakamm
474	Eieruhr, Aargauer, Ärger, Erker, Iraker, Erreger
475	4-75 oder 47-5

476	4-76 oder 47-6
477	Eurohockey
478	Eierhof, Eierkopf
479	Eierhaube (Eierwärmer), Eierkopp, Eurocup
480	4-80 oder 48-0
481	Arafat, Eurovideo, Ayurveda
482	4-82 oder 48-2
483	4-83 oder 48-3
484	Eierfrau
485	Eierapfel, Arrival
486	Eierfisch
487	4-87 oder 48-7
488	4-88 oder 48-8
489	4-89 oder 48-9
490	Airbase, Airbus, Eurobus, Europass
491	Arbeit, Arpad, Erwitte
492	Arabien, Arbon, Eierwein, Erbin, Eriwan, Erwin
493	Erbium, Europium (chemische Elemente) oder 4-93 oder 49-3
494	Erbauer, Europäer, Araber
495	Erpel, Europol, Arabella
496	Auerbach, Eierbuch, Eurowoche, Irrwisch
497	Airbag, Eierwaage, Irrweg, Arpeggio, Aerobic, Arabica
498	4-98 oder 49-8
499	4-99 oder 49-9
500	Aloisius, Leseoase, Elsass, (Engel) Aloysius
501	Leeseite, LSD, Alzette, Exilzeit
502	Läsion, Liaison, Louisiana, Lausanne, Illusion, Jelzin, Julisonne
503	Elysium
504	Lasur, Lauser, Lauserei, Leser, Laser, Lesejury

505	Leseeule, Leslie, Liesel, Julisäule
506	Eilsache
507	Alaska, Eilzug, Leseecke, Allaussage
508	LSV (Lastschriftverfahren)
509	Lesbe, Lisp (Programmiersprache), Aalsuppe
510	Aludose, Iltis, Laotse, Latz, Leitz, Liedes, Litze, Lotos, Altaussee
511	Altauto, Laudatio, Leitidee, Ltd, Leittext
512	Aladin, Altan, Eliteuni, Latein, Latina, Latino, Litanei, Litauen, Lotion, Leitton, Lettin
513	Latium (historische Stadt in Mittelitalien)
514	Altar, Eileiter, Leader, Leder, Leiter, Litauer, Liter, Luder, Lotterie, Lader
515	Alitalia, Altöl, Lidl, Axolotl
516	Litchi, Lattich
517	Altheu, Lodge, Alltag, Julitag
518	Lottofee, Laxativ
519	Altbau, Altoboe, LDAP, Leitbau
520	Alonso, Lanz, Lanze, Linus, Allianz, Lenz
521	Eiland, Land, Landau, Landei, Lende, Linda, Lindau, Allende, Jolanda, Juliende, Exilant
522	Alanin, Launen, Lenin, Lennon, Linnen
523	52-3 oder 5-23
524	Eleanor, Eleonora, Leonore, Eyeliner
525	Leinöl, Lineal, Lionel
526	Launch, Linnich
527	Eulenauge, Lanka, Lineage, Link, Lancia
528	Lenovo
529	5-29 oder 52-9
530	Almsee, Limes
531	Limit, Limette, Limmat, Lametta, Julimiete
532	Limone, Alemanne

533	5-33 oder 53-3
534	Elmar, Lemur
535	Lamelle
536	53-6 oder 5-36
537	Almöhi, Lammhaxe
538	5-38 oder 53-8
539	Lampe, Limbo (Tanz)
540	Aalreuse, Lars, Larissa, Exilrusse
541	Alurad, Lord, Loriot, Allrad, Learjet, Julirate, Exilort
542	Alraune (Pflanze), Lauren, Loren, Lorraine, Allüren, Larynx (Kehlkopf)
543	Alarm, Lärm, Leerraum, Exilarmee
544	Illyrer oder 5-44 oder 54-4
545	Laurel (ohne Hardy), Lorelei
546	Alarich, Lärche, Lörrach, Exilreich
547	Allergie
548	Larve
549	Aalraupe (ein Fisch)
550	Lollis (oder 5-50 oder 55-0)
551	Lolita
552	Lilien (oder 55-2 oder 5-52)
553	5-53 oder 55-3
554	5-54 oder 55-4
555	5-55 oder 55-5
556	5-56 oder 55-6
557	5-57 oder 55-7
558	5-58 oder 55-8
559	5-59 oder 55-9
560	Lachs, Luchs
561	Löschidee, Lochaxt
562	Älchen (Fadenwurm), Aljechin (Schriftsteller)

563	Alchemie
564	Lauscher (Ohr), Locher, Löscher, Lacher
565	Aluschale
566	5-66 oder 56-6
567	Lachyoga, Lochauge (einfache biologische Augenform)
568	5-68 oder 56-8
569	Aluchip (z.B. für den Einkaufswagen)
570	Logis, Lokus (WC), Lukas, Leihhaus, Lagos, Aluguss, Lucius
571	Aluhut, Leihauto, Eilgut, Lakota, Legato, Lockout, Logout
572	Lagune, Leguan, Laken, Lehen, Legion, Lohn, Login, Luciana, Luciano, Lucien, Lexikon
573	Elohim (hebr. für Götter, wird meist als Gott übersetzt), Leukämie, Lehm, Leihoma
574	Likör, Algier, Leckerei, Allegorie, Logger, Lager, Allegra (rätoromanischer Gruss: «*Freue Dich!*»)
575	Alukeil, Lecköl, Alkali
576	57-6 oder 5-76
577	Logik, Leckage
578	Alleehof, Lackaffe (geschnigelter gegelter Kerl), Exilhof
579	LKW, Aalquappe
580	Elvis, Lavasee, Lefze, Levis, Livius
581	Lift, Loft, Luft, Lafette
582	Elevin (Schülerin einer Balletschule), Lauffen (Worb-)
583	Alluvium (Holozän) oder 5-83 oder 58-3
584	Elfer, Lover, Läufer (Schach), Elvira, Louvre (Paris),
585	Alufolie, Level, Eilfall
586	Aalfisch
587	Elfeck
588	58-8 oder 5-88
589	Lavabo

590	Ellipse, Lopez
591	Eilbote, Libido, Lipid (Fett)
592	Lawine, Löwin, Albino, Libyen, Alpina
593	Alabama, Alleebaum, Laubbaum
594	Labor, Leber, Lepra, Liberia, Libero, Libyer
595	Libelle, Lappalie, Label
596	Juliwoche
597	Aleph, Alpöhi, Alpaka, Lübeck, Alleeweg
598	5-98 oder 59-8
599	5-99 oder 59-9
600	Chassis
601	Echozeit (Zeit bis das Echo erscheint)
602	60-2 oder 6-02
603	60-3 oder 6-03
604	Ächzer, Jauchzer, Juchzer
605	Aschesäule, Achsel
606	60-6 oder 6-06
607	60-7 oder 6-07
608	6-08 oder 60-8
609	Chuzpe (hebr. Unverschämtheit, Dreistigkeit)
610	6-10 oder 61-0
611	6-11 oder 61-1
612	Chaotin, Chitin, Chutney
613	6-13 oder 61-3
614	Ischtar (sumerische Fruchtbarkeitsgöttin), Chatter (schnelles Geschwätz)
615	Achateule
616	Eichteich
617	Achteck
618	61-8 oder 6-18
619	61-9 oder 6-19

Ein Vater sagte zu seiner Tochter

Ein Vater sagte zu seiner Tochter: *"Ich gratuliere dir zu deinem Schulabschluss. Ich habe dir vor einiger Zeit ein Auto gekauft. Ich möchte, dass du es jetzt bekommst.*

Bevor ich es dir gebe, bring es zu einem Autohändler in der Stadt und verkaufe es. Schau, wie viel sie bieten."

Das Mädchen kam zurück zu ihrem Vater und sagte: *"Sie haben mir 10.000 Franken geboten, weil es sehr alt aussieht."*

Der Vater sagte: *"Ok, jetzt bring es zum Pfandhaus".*

Das Mädchen kehrt zu ihrem Vater zurück und sagt: *"Das Pfandhaus hat 1.000 Franken geboten, weil es ein sehr altes Auto ist und viel Arbeit gemacht wurde".*

Der Vater sagte ihr, sie solle bei einem Autofanclub mit Experten Mitglied werden und ihnen das Auto zeigen. Das Mädchen fuhr zu dem Autofanclub. Nach ein paar Stunden kehrte sie zu ihrem Vater zurück und erzählte ihm: *"Einige Leute im Club haben mir 100.000 Franken geboten, weil es ein seltenes Auto ist, das in gutem Zustand ist."*

Daraufhin sagte der Vater: *"Ich wollte dich wissen lassen, dass du nichts wert bist, wenn du nicht am richtigen Ort bist. Wenn du nicht geschätzt wirst, sei nicht böse, denn das bedeutet, dass du am falschen Ort bist. "Bleibe nicht an einem Ort, an dem niemand deinen Wert sieht."*

Kenne deinen Wert und weiß, wo du geschätzt wirst.

Ein Diamant glänzt nicht auf dem Boden einer Höhle.

620	Chinese
621	Chianti, Aschanti (alt-östereichisch für Erdnuss)
622	Chinin (chemische Verbindung aus der China-Rinde)
623	62-3 oder 6-23
624	62-4 oder 62-4
625	Eichenallee, Chanel, Channel
626	62-6 oder 6-26
627	Exchange, Chance,
628	62-8 oder 6-28
629	62-9 oder 6-29
630	Chiemsee, Eichmaß
631	6-31 oder 63-1
632	Chomeini, Chamonix
633	63-3 oder 6-33
634	Chimäre, Chamer (Ein Mann aus Cham, sah und siegte)
635	Echomail (oder 6-35 oder 63-5)
636	chemisch, ischämische (oder 6-36 oder 63-6)
637	Chiemgau
638	63-8 oder 6-38
639	Champ (Abkürzung für Champion)
640	Chorizo (Wurst), Chorus, Chris
641	Charade, Chart, Charta, (Judas) Ischariot, Charité
642	Chiron (Auto oder Gott der Zeit)
643	Charme, Chrom, Chorraum
644	Churer (Mann aus Chur)
645	Choral, Charly
646	Church, Escherichia (ein Bakterium)
647	Charge, Cherokee (Indianer oder Jeep), Chirac (Frz. Präsident d. Firma)
648	6-48 oder 64-8
649	Cherub (Engel), Chorbau

650	Chelsea, Achilles (Sehne, Griechischer Name), Aischylos
651	Echolot, Chalet, Chaldäa,
652	Chilene, Echelon, Echolinie
653	6-53 oder 65-3
654	Chlor, Cholera
655	6-55 oder 65-5
656	Eichloch
657	Jochalge (einzellige Algen)
658	6-58 oder 65-8
659	6-59 oder 65-9
660	6-60 oder 66-0
661	6-61 oder 66-1
662	Eichschein (erhält man vom Eichmeister, der die Waagen prüft, wenn sie korrekt wägen, z.B. in der Migros)
663	6-63 oder 66-3
664	6-64 oder 66-4
665	6-65 oder 66-5
666	6-66 oder 66-6
667	6-67 oder 66-7
668	6-68 oder 66-8
669	6-69 oder 66-9
670	Eichhase, Eichgasse
671	Checkout, Chiquita
672	Chicken, Eichhain
673	Aschheim, Eichheimoder 6-73 oder 67-3
674	Checker (Fakten-), Chicorée, Chakra
675	Ischgl, Chagall
676	6-76 oder 67-6
677	Chikago, Chihuahua (Hündchen)
678	Eichhof (Bier)

679	Checkbox
680	Jauchefass
681	6-81 oder 68-1
682	Chefin, Chiavenna, Chiffon (feinster, leichter Stoff)
683	6-83 oder 68-3
684	Chauffeur, Chiffre
685	Eichapfel
686	6-86 oder 68-6
687	6-87 oder 68-7
688	6-88 oder 68-8
689	6-89 oder 68-9
690	Cheops, Chiapas, Chips (Zweifel-) (oder 6-90 oder 69-0)
691	6-91 oder 69-1
692	Jochbein, Chopin,
693	Eichbaum (Eiche)
694	Chopper
695	Echowelle (Aus der Elektrotechnik) oder 6-95 oder 69-5
696	Aschbach, Eichbach, Eichbusch, Eschbach
697	6-97 oder 69-7
698	6-98 oder 69-8
699	6-99 oder 69-9
700	Cassis, Gesäß
701	Haustee, Kassette, Gazette
702	Häsin, Hosen, Kasein, Kasino, Cessna, Cousin, Cousine, Jackson, Cézanne
703	Ekzem, Gesumme, Cäsium, Cosima
704	Heizer, Husar, Kaiser, Käser, Käserei, Akkusäure, Cäsar, Accessoire, Gießer, Gießerei, Geysir
705	Gazelle, Kiesel, Kessel,Hasel (Baum), Häusle, Heizöl, Geisel, Gisela, Geißel
706	Gezisch, Haussuche, Gesuch, Kasache

707	Husky, Gizeh, Geisha, Käseecke, Kasko, Kiosk, Kosak, Hausjacke, Cisco
708	Ecksofa, Kosovo, Gesöff
709	Kiesabbau, Hausbau, Kassiopeia, Giuseppe
710	Cats (Musikal), Kitz (Junges Reh), Kids, Getöse,
711	Kadett (Opel), Jagdjet, Godot (warten auf)
712	Göttin, Heidin, Houdini (Selbstbefreiungskünstler), Aktion, Auktion, Gideon, Gotin, Kaution, Gattin, Gatten, Haydn
713	Akademie, Academy (Police), HDMI, Gaudium
714	Köder, Köter, Gitarre, Äquator, Hüter, Katar, Kater, Aktuar, Gitter, Götter, Kutter, Gatter, Cutter, Hexaeder, Goodyear
715	Hotel, Gejodel
716	Hadsch (Pilgerer nach Mekka), Hadschi (die Pilgerreise), Kitsch, Jacketttasche
717	Kodak, Hottehü, Gedeck, Gotik, Codec, Kathy
718	Aktiva, Gaddafi, Hotfix, ActiveX
719	Jagdoboe, Gateway, Cutaway, Hauttyp, Akkutyp
720	Eugenios, Genius, Genosse, Genuss, Cannes, Johannes
721	Kanute, Hanuta, Aquanaut, Kanada, Kennedy, Keynote
722	Kanone, Hunnin, Kanaan, Canon
723	Cinema, Economy, Genom, CinemaxX
724	Henry, Gauner, Gaunerei, Heiner, Gönner, Kenner, Könner
725	Kanal, Kanüle, Knäuel
726	Hennoch (aus der Bibel – ist nicht gestorben)
727	Honig, Genick, Kanake, König, Konica
728	Ganove, Konvoi, Genf
729	Eigenbau, Knabe, Kneipe, Canapé
730	Gemüse, Gomez, Camus
731	Heimat, Komet, Gemüt, Komödie

732	Gaumen, Gemini, Kamin, Kimono, Kommune
733	Hamam (Badelandschaft)
734	Homer (Simpson oder der griech. Dichter), Humor, Hammer, Hummer, Kummer, Gamer, Kamera, Kammer
735	Hammel, Himmel, Hummel, Kümmel, Kamel, Himalaya
736	Gemach, Gamasche, Gemisch
737	Komik, Gimmick, Hommage
738	Kampf
739	Gameboy, Kombi, Cambio, Gambia,
740	Horus (Auge des), Aquarius (Sternzeichen), Gras, Graus, Ikarus, Kerze, Kreis, Kruse (Anwalt), Crusoe (Robinson)
741	Heirat, Herd, Hirte, Horde, Hort, Hürde, Greta, Kreta, Eckard, Grat, Gurt, Karat, Kraut, Kroate, Kröte, Grotte
742	Heroin, Hirn, Ahorn, Harn, Horn, Garn, Karin, Korn, Kran, Krone, Kern, Corona, Corinna, Jägerin
743	Harem, Aquarium, Karma, Kram, Krimi, Gramm, Creme
744	Horror, Harare, Hörer, Agrar, Kurier, Karrer, Carrera, Carrier
745	Gral, Geröll, Gorilla, Haaröl, Haarrolle, Girl, Karl, Aquarell, Groll, Guerilla, Koralle, Krill, Krull, Kerl, Karl, Karla
746	Hirsch, Grieche, Geräusch, Karacho, Kirche, Kirsch, Krach
747	Krake, Hauruck, Grauhai, Garage, Karaoke, Kork, Krücke
748	Harfe, Haarreif, Graf, Korfu, Kropf, Agraffe, Giraffe, Karaffe
749	Grab, Haribo, Herbie, Korb, Kripo, Gerippe, Grappa, Krippe
750	Hals, Helios, Holz, Hellas, Eagles (Band), Glas, Gleis, Klaus, Gelass, Koloss, Kulisse, Gallus, Galaxis, Kloß
751	Held, Hilda, Eklat, Heiltee, Euklid, Geläut, Gilde, Glut, Gold, Kälte, Kelte, Kilt, Claudia, Kleid, Kult, Gillette, Geld, Colt

752	Äuglein, Hexlein, Kleenex, Galaxien, Helen, Klan, Klon, Kolonie, Kolonne, Gallien, Clan, Colonia,
753	Halm, Helium, Helm, Holm, Klima, Kulm, Guillaume
754	Galeere, Killer, Keiler (Wildschwein), Haller, Galerie, Gloria, Kalorie, Klara, Gallier, Keller, Collier
755	Halali, Galiläa, Galileo, Galilei,
756	Kelch, Eckloch, Galosche, Gulasch, Klischee, Kieljauche
757	Kloake, Gelage, Gelecke, Gelege, Geologe, Glocke, Glück, Kalk, Kolik, Kollege, Glacé, Heilyoga
758	Hilfe, Geläuf, Gelaufe, Golf, Kalif
759	Galopp, Klippe, Eigelb, Kalb, Klub, Heulboje, Clip, Club
760	Geschiss, Geschoss, Hochsee, Geächze, Gejauchze
761	Hecht, Gicht, Gischt, Kochidee
762	Köchin, Kuchen, Jäckchen
763	Geochemie (oder 7-63 oder 76-3)
764	Häscher, Geschrei, Kocher, Köcher, Geschirr
765	Haischule, Heuchelei, Hochallee, Kachel
766	Haschisch, Kochschau
767	Geschick, Kochecke, Couchecke
768	Geschöpf
769	Hochbau, Geschiebe, Kaschube, Kaschubei
770	Eckhaus, Gehäuse, Akquise, Kokos, Keks, Jacques, Geheiß
771	Kakadu, Kaktee, Hoheit, Hokkaido,
772	Hahn, Huhn, Hohn, Kahn, Kokon, Küken, Hygiene
773	Kaugummi, Giacomo
774	Häher, Gehör, Hacker, Hocker, Höcker, Geiger, Kicker, Cicero, Hijacker
775	Hehl, Geheul, Hagel, Häkelei, Hügel, Kehle, Kohl, Gockel, Kugel, Gejohle
776	Eckcouch, Gekeuche,
777	Gehege, Kuhauge, Gequake, Gequieke, Kuckuck

778	Gekeife, Kickoff
779	Gehabe, Gehupe, KGB
780	Gefäß, Kfz
781	Haft, Heft, Hüfte, Aquavit, Gift, Gavotte
782	Hafen, Haufen, Hopfen, Havanna, Giovanna, Giovanni, Koffein
783	Kfm, CVJM (oder 7-83 oder 78-3)
784	Käfer, Koffer, Hafer, Havarie, Hoover, Hüpfer, Käufer, Kaviar, Kefir, Kiefer, Kupfer, Kauffrau, Kiffer, Gaffer, Cover, Coiffeur
785	Augapfel, Gefälle, Civil
786	Haifisch, Akkufach
787	Gefüge, GfK, Käfig, Kafka, KFC
788	Gepfeife, Kaffeefee
789	Giveaway, Hofbau, Kaffeebau
790	Gips, Heuwiese, GPS, Kabis, Kapuze, Kubus, Gebiss, Jakobus
791	Haupt, Gebet, Hobbit, Gebäude, Gebiet, CeBIT, Jackpot
792	Gewinn, Happen, Gabun, Gebein, Kabine, Kupon, Coupon
793	Hebamme, KPM
794	Kobra, Gewirr, Kaper, Cabrio, Capoeira
795	Hobel, Hubble, Hebel, Kabul, Kübel, Gebell, Kapelle, Kuppel, Kuppelei, Gabel, Kabel, Gejubel
796	Gebüsch, Gewäsch
797	Geweih, GWh, kWh, Heuwaage, Gebäck, Gepäck, Akkupack
798	Kabuff
799	Gewebe, Kebab, Cowboy
800	Faszie (Muskelfaser)
801	Faust, Fazit, Fiesta, Fassade, Fassette
802	Evasion, Fasan, Fusion, Fasson

Du hast etwas verloren..

Eine alte Frau wurde beim Spazierengehen von einem Fahrradfahrer angefahren.

Anstatt sich zu entschuldigen und der alten Frau beim Aufstehen zu helfen, grinste er einfach und wollte weiterfahren.

Die alte Frau rief ihm entgegen: *«Junger Mann, du hast etwas verloren.»*
Der junge Mann schaute suchend nach links und rechts.

Die alte Dame schaute dem jungen Mann tief in die Augen und sagte: *«Hör auf zu suchen. Das was du eben gerade verloren hast, kannst du nicht da draussen finden, denn du hast deine Würde verloren.»*

Dreistellige Liste - Seite 106

803	FSME (oder 8-03 oder 80-3)
804	Fissur, Faser
805	Fusel (schlechter Alkohol), Faselei, Fusilli
806	80-6 oder 8-06
807	Aufzug, Fiasko
808	80-8 oder 8-08
809	80-9 oder 8-09
810	Fötus, Fujitsu
811	81-1 oder 8-11
812	Futon, Fixation
813	Fatima, Fatum
814	Avatar, Feature, Feder, Futter
815	Fauteuil, Fiedel
816	Fetisch, Fidschi, Fotoschau, Fittich
817	Aviatik, Fettauge
818	81-8 oder 8-18
819	FDP, Fettabbau, Fotobox
820	Finesse
821	Fanta, Fondue, Efendi, Event, Fund, Effendi
822	Finnin
823	8-23 oder 82-3
824	Finnair
825	Feinöl, Fanal (Ein Leuchtfeuer für die Signalübermittlung)
826	8-26 oder 82-6
827	Funk, Finca, Avionik, Fink
828	82-8 oder 8-28
829	Feinbau
830	Aufmaß
831	8-31 oder 83-1
832	8-32 oder 83-2

833	8-33 oder 83-3
834	Evamaria, Femur (Oberschenkelknochen)
835	Familie, Fummel
836	8-36 oder 83-6
837	8-37 oder 83-7
837	8-38 oder 83-8
837	8-39 oder 83-9
840	Ferse, Furz, Freejazz, Fries, Farsi,
841	Feuerrad, Feuerrede, Freude, Ford, Frottee, Ferrit, Faraday
842	Farn, Ferien, Firn
843	Farm, Firma, Form, Forum, Frame
844	Ferrari, Fourier, Furore, Ferrero
845	Feueraal, Forelle
846	Frosch, Feuerschau, Frischei, Furche, Feuerreich,
847	Afrika, Frack, Freak, Farce, Force
848	Aufruf, Firefox
849	Frappé, Farbe
850	Floß, Flause, Flosse, FALSE, Falz, Filius, Filz, Fluss, Fels, Fleiß,
851	Filet, Flut, Feld, Floyd
852	Avalon, Eveline, Fialen, Fellini, Falllinie
853	Flummi, Film, Flaum,
854	Füller, Flyer, Flur, Flair, Flora
855	Filiale
856	Flasche, Fleisch, Fluch
857	Falke, Felge, Flak, Flick, Flug, Fleck, Fleece
858	Auflauf, Flavia, Flavio
859	Felipe, Flip, Flop, Flow, Fallböe, Fellow
860	Fuchs, Fuchsie
861	Fichte

862	Äffchen
863	8-63 oder 86-3
864	Fächer, Fischer, Aufschrei, Fischerei, Fachjury
865	Fischöl, Fischeule
866	Fachschau (oder 8-66 oder 86-6)
867	Fischauge, Fischuhu
868	8-68 oder 86-8
869	Aufschub
870	Fokus, Aufguss, Ficus (Baum)
871	Avocado, Fehde, Fakt, Fagott, Effekt, Affekt, Facette
872	Fahne, Föhn
873	Fukuyama
874	Fakir, Fokker, Feger, Figaro, Figur
875	Fackel
876	8-76 oder 87-6
877	Focaccia
878	Aufkauf
879	Aufgabe, FCKW, Faxkopie
880	Fifis, Fiffis, Fuffis (oder 8-80 oder 88-0)
882	8-81 oder 88-1
882	8-82 oder 88-2
883	8-83 oder 88-3
884	8-84 oder 88-4
885	Favela
886	8-86 oder 88-6
887	8-87 oder 88-7
888	8-88 oder 88-8
889	8-89 oder 88-9
890	Fabius, Fauxpas
891	8-91 oder 89-1
892	Fabienne

Dreistellige Liste - Seite 109

893	8-93 oder 98-3
894	Fieber, Fopperei, Faber
895	Fabel, Fabelei, Fibel
896	Aufwasch, Faxweiche
897	Aufweg
898	8-98 oder 89-8
899	8-99 oder 89-9
900	Büsisee, Basis
901	Absud, Bauzeit, Episode
902	Bison, Besen, Bauzaun, Bauzone, Beisein, Bassin, Bioessen
903	Bisam (Tierchen), Bausumme
904	Basar, Basra, Beißer, Büßer
905	Bazille, Basel
906	Besuch, Jobsuche
907	Boxsack, Abzug, Baske, Bauzug, Bazooka, Basic, Biskaya
908	BASF, BSV oder 90-8 oder 9-08
909	Bassbox, Busbau, Bassoboe
910	Badesee, Beats
911	Appetit, Bauetat, Bidet, Bootaxt
912	Beduine, Badenixe, Beton, Boden, Button, Biotonne
913	Bauteam, Epidemie
914	Abitur, Bieter, Batterie, Butter, Beatrix, Peter
915	Beatle, Boxduell, Abdul, Abteil, Bauteil, Beutel, Bettel,
916	Bottich, Abtausch, Batch, Betttisch, Betttuch
917	Buddha, Boutique, Bettag
918	Batavia, Bautiefe,
919	Biotop, Bootbau, Beatbox
920	Bonze, Bonsai, Banause, Binse, Bonus, Benz
921	Bande, Bionade, BND, Bond (James), Bund, Abend, Bajonett, Exponat

922	Banane, Apennin
923	Beiname, Binom
924	Japaner, Banner
925	Biennale, Benelux, Banlieue
926	9-26 oder 92-6
927	Bank, Bingo, Bianca
928	9-28 oder 92-8
929	Bonobo, Bioanbau
930	Baummoos, Baumesse, Biomasse, Jobmesse
931	Bauamt, Beamte, Baummitte
932	Baumann, Biomann
933	9-33 oder 93-3
934	Beamer
935	Biomüll (Kompost), Bummel, Bummelei, Baumallee, Bammel
936	9-36 oder 93-6
937	9-37 oder 93-7
938	9-38 oder 93-8
939	Bambi, Baumboa, Bimbo, BMW, Bombay
940	Express, Braus (Saus &), Boris, Börse, Borussia, Abraxas,
941	«Experte», Export, Bart, Beirat, Bord, BRD, Brot, Brut, Apparat, Brett, Jawort
942	Bärin, Baron, Bäuerin, Birne, Borneo, Bruno, Bern, Boxerin
943	Brummi, Abraum, Burma
944	Barriere, Brauer, Brauerei, Iberer
945	Brille, Aperol, April, Barilla (Nudeln)
946	Bereich, Bresche, Bruch, Bursche, Eberesche, Abbruch
947	Baracke, Birke, Borke, Brig, Brücke, Burg, Brugg, Berg
948	Abruf, Beruf, Brief
949	Barbie, Biorübe, Bürojob

950	Balsa (Holz) Balz (flirten der Tiere), Blues, Bluse, BLZ, Ablass
951	Blüte, Ballett, Auwald, Bild, Blut, Bolide, Blatt, Billett, Exploit
952	Ballon, Billion, Apulien, Apollon, Bouillon
953	Blume, Jubiläum
954	Juwelier, Böller, Boiler, Bolero, Jubilar
955	9-55 oder 95-5
956	Blech, Blauesche
957	Bullauge, Blauhai, Blacky, Biologe, Biologie, Blick, Block, Blog, Eiablage, Epilog, Bleiakku, Belag
958	Ablauf, Bellevue, Bluff
959	Baulöwe, Balboa, Bilbao
960	Büchse, Buchs, Abschuss, Beschuss
961	Buschtaxi, Bescheid, Eibischtee
962	Bauschein (Baugenehmigung in Deutschland) oder 9-62 oder 96-2
963	Bauschaum (repariert alles), Abschaum, Bauchemie, Bauschema, Biochemie
964	Becher, Beschauer, Bücherei
965	Büschel, Bacheule oder Buscheule, Bauschule, Buschallee
966	Buscheiche oder 9-66 oder 96-6
967	96-7 oder 9-67
968	Bischof, Beischiff
969	Biochip, Abbauscheibe, Epoxischeibe
970	Abakus, Bauhaus, Biohaus, Abgas, Biogas, Abguss,
971	Baguette, Bugatti, Bogota, Bouquet, Boykott
972	Becken, Begonie, Bikini, Jewgeni (russischer Vorname)
973	Bigamie (Ein Mann mit 2 Frauen verheiratet)
974	Bahre, Bäcker, Bäckerei, Biker, Bagger

975	Beagle (Hunderasse), Buckel, Bügel Abigail, Baikal, Bauklo,
976	Beikoch
977	Biokuh, Bagage
978	Biohof, Biokaffee, Bugfix
979	Boxhieb, Backup, Abgabe, Baugabe, Beigabe
980	Beifuß
981	Buffet
982	Boxfan
983	9-83 oder 98-3
984	Biofrau, Abifeier, Bavaria
985	Büffel, Büffelei, Abfall, Abofalle, Befall
986	Biofisch, Baufach, Baupfusch, Biofach
987	Baufuge, BVG oder 98-7 oder 9-87
988	9-88 oder 98-8
989	9-89 oder 98-9
990	Beweis, Babsi, Biopsie, Bypass
991	Beiboot, Babett, Boxbude, Baubude, Bauwut
992	Biowein
993	Bauboom
994	Biber, Biobauer, Bajuware
995	Bibel, Biowolle, Bowle, Abiball, Babel, Babyöl
996	Abwasch, Baubuch, Bauepoche, Biobuch
997	Biwak, Abweg, Babyjacke
998	Biowaffe
999	Babypo, Bebop

Kartoffeln sind wie Menschen die man nicht mag

Ein Lehrer bat seine Schülerinnen und Schüler, doch bitte einige Kartoffeln in einer Tüte in die Schule mitzubringen.

Auf jede der Kartoffeln sollen der Namen des Menschen geschrieben werden, die das Kind gar nicht mag und ablehnt.

D.h.: Für jede abgelehnten Menschen, sollen die Kinder eine Kartoffel beschriften.

An nächsten Tag brachten die Kinder ihre Kartoffeln mit, die sie dann mit den Namen der Menschen beschrifteten, welche sie nicht mochten. Einige der Kinder, hatten zwei, drei und einige hatten sogar mehr als fünf Kartoffeln.

Die Kinder sollten nun diese Kartoffeln immer mit sich tragen, Tag und Nacht, überall hin mitnehmen, eine Woche lang. Nach ein paar Tagen begannen die Kinder, sich über den schlechten Geruch, der aus diesen Kartoffeln kam, zu beklagen. Die Schüler, die viele Kartoffeln beschriftet hatten, beschwerten sich auch noch über das Gewicht, das sie dauernd mit sich herumtragen mussten.

Nach einer Woche durften die Kinder endlich alle Kartoffeln wegwerfen und der Lehrer fragte: *"Und wie fühlt ihr euch nach dieser einen Woche?"*

Die Antwort der Kinder war, dass sie sich wegen dem Gestank und dem schweren Gewicht, schrecklich fühlten.

Daraufhin erklärte der Lehrer den Kindern:

"Wenn euer Herz mit Hass erfüllt ist, so tragt ihr genau eine solch schwere und unangenehme Last in eurem Herzen, wie der Sack mit den Kartoffeln in dieser Woche. Der Hass auf ungeliebte Menschen vergiftet nur eure Herzen. Wenn ihr den Gestank von verdorbenen Kartoffeln nicht einmal für eine Woche aushaltet, wie viel schlimmer sind die Auswirkungen dieses Hasses in euren Herzen - wenn ihr den ein ganzes Leben lang, mit euch herumtragen müsstet.

Ohne Hass wird euer Herz wieder leicht. Legt eure Lasten ab, und spürt was es heisst: " FREI ZU SEIN "

Vergesst bitte nicht: Menschen, die Hass mit sich tragen, zerstören nicht nur sich selbst, sondern alles um SICH herum.

Sie spiegeln nur das wider, was Sie im Herzen tragen."

Für Deine Notizen:

_____

_____

_____

_____

_____

_____

_____

Für Deine Notizen: